玉林师范学院教师教育工作优秀理念和科学思维探索成果系列丛书

LISHIXUE ZHUANYE SHIFANSHENG
JIAOXUE JINENG SHIXUN ZHIDAO

历史学专业师范生教学技能实训指导

主　编 ◎ 刘小云　李伟中
副主编 ◎ 莫伟华　陈耀华

西南交通大学出版社
·成都·

图书在版编目（CIP）数据

历史学专业师范生教学技能实训指导／刘小云，李伟中主编．—成都：西南交通大学出版社，2016.6
（玉林师范学院教师教育工作优秀理念和科学思维探索成果系列丛书）
ISBN 978-7-5643-4703-1

Ⅰ．①历… Ⅱ．①刘… ②李… Ⅲ．①历史教学－教学研究 Ⅳ．①K-4

中国版本图书馆 CIP 数据核字（2016）第 111182 号

玉林师范学院教师教育工作优秀理念和科学思维探索成果系列丛书

历史学专业师范生教学技能实训指导

主编　刘小云　李伟中

责任编辑	吴　迪
封面设计	严春艳
出版发行	西南交通大学出版社 （四川省成都市二环路北一段 111 号 西南交通大学创新大厦 21 楼）
发行部电话	028-87600564　028-87600533
邮政编码	610031
网　　址	http://www.xnjdcbs.com
印　　刷	成都蜀通印务有限责任公司
成品尺寸	185 mm×260 mm
印　　张	9.75
字　　数	207 千
版　　次	2016 年 6 月第 1 版
印　　次	2016 年 6 月第 1 次
书　　号	ISBN 978-7-5643-4703-1
定　　价	30.00 元

图书如有印装质量问题　本社负责退换
版权所有　盗版必究　举报电话：028-87600562

玉林师范学院教师教育工作优秀理念和科学思维探索成果系列丛书

编 委 会

总 主 编 王卓华

副总主编 蒋丽萍　唐世纲　崔海波　赖兴珲

编　　委 王卓华　蒋丽萍　唐世纲　崔海波
　　　　　　赖兴珲　刘小云　袁名泽　曾凡贞
　　　　　　高红艳　许世坚　朱波涌　李远华
　　　　　　蒋　宁　郑容森　杨一笔　向云根
　　　　　　陆小玲　蒋　慧　陈　渊　梁志清

总　　序

　　教育是一种社会现象，是人类社会的一种重要实践活动。它随人类的产生而出现，并随人类社会的变迁而发展。学校教育是教育发展到一定阶段的产物，既是近代科学革命和工业革命对大量人才渴求的必然要求，又是教育自身制度化、世俗化、系统化和专业化的结果。教师教育是学校教育的一种特殊类型，是现代教育持续发展的工作母机。师范院校是高等教育机构的重要构成，更是承载教师教育使命的主体机构。因此，"寄居"于师范院校的教师教育工作者，总结教师教育的发展经验，探寻教师教育的发展趋势，揭示教师教育的发展规律，既是一种责任担当，更是一项光荣使命。

　　作为我国师范院校的一员，玉林师范学院的办学历史最早可以追溯到1945年创建的广西省立鬱林师范学校，师道传承七十余载，源远流长。以师范立校，以师范兴校。学校在升格为本科院校之前，因"为基础教育培养合格师资，方向明确，成绩显著"，成为全国26所受到国家教委表彰的师范专科院校之一，也是广西唯一获此殊荣的师范专科院校。2000年，玉林师范学院升格为本科院校以来，面对市场经济的不断冲击，仍然始终坚守师道传承，对自身进行准确定位：把学校办成以培养义务教育阶段的师资为主要目标，达到较高水平的教学型地方本科师范院校。2012年6月，学校召开第三次党代会，在本次会议上确定了"师范性、地方性、应用性"的发展目标，以"师范性"作为学校的办学特色，"地方性"作为学校的办学定位，"应用性"作为人才培养的目标定位。2015年，在综合改革和转型发展的背景下，学校重新调整了办学定位的表述，即"地方性、应用型、师范性"。尽管如此，"师范性"仍然是学校发展的重要坚守点，是学校办学特色和优势所在。目前，学校有师范类专业29个，覆盖了学前、小学、初中等基础教育以及职业教育等各个阶段的教师教育；在校师范生的规模和比例在全区高校中位居前列，在校生17418人，其中师范生10733人，占所有全部在校生的61%。

　　进入21世纪以来，学校解放思想，抢抓发展机遇，开拓创新，认真贯彻落实"规模发展与内涵提升并重、硬件建设与软件建设并重、特色培育与整体质量提高并重、自主创新能力和可持续发展能力并重"的发展思路，遵循高等教育发展规律，着力整合各类资源，全面实施人才兴校、人才强校工程，启动综合改革，推动转型发展，优化学科结构，努力探索培养义务教育阶段基础教育师资的新模式，大力发展与地方经济社会发展紧密结合的应用型专业，坚持"地方性、应用型、师范性"的办学定位，朝着"努力建成国内知名、区内领先、以教师教育为特色的地方应用型高水平大学"目标奋进。

乘着综合改革和转型发展的春风，学校积极探索和创新人才培养模式，开设"挂榜班""卓越班"，加强卓越人才培养，"挂榜班""卓越班"学生成绩优异；开展实践教学改革，推进顶岗实习、混编实习等模式，提高专业实习效果；坚持以赛促练，以练促学，定期举办师范生教学技能大赛、板书大赛等，组织学生参加自治区级、国家级乃至世界级的比赛并屡创佳绩。与此同时，学校各师范专业的教师教育工作者，根据自己的研究兴趣，围绕自己的学科专业领域，选定相关研究主题，积极开展研究，取得了令人欣喜的成绩。

这套丛书就是学校教师教育工作者相关研究成果的一次集中展示。它既彰显了鲜明的时代特征，也反映了学校教师教育发展的基本轨迹，还表达了教师教育工作者的理想与期望。当然，由于时间仓促、作者水平有限，本丛书肯定还存在一些不足之处，恳请各位专家、读者批评指正！

编委会

二〇一六年三月

前　言

"百年大计，教育为本。"一个国家、一个民族的振兴靠人才，人才培养靠教育，教育质量靠教师。培养优良的义务教育师资，是每一个师范院校和师范专业义不容辞的职责。随着国家发展和民族复兴进程的加快，教育部对师范院校和师范专业人才培养不断提出新的、更高的要求和标准，中小学教师队伍建设日趋规范化、专业化。因此，师范专业办学质量好坏成为考量未来中国义务教育质量的一个重要指标。

从 2015 年起，我国义务教育师资面向社会全面放开，这就意味着所有想进入中小学教师队伍的中国公民，都必须参加全国中小学教师资格考试。这也就打破了师范生无需考试就优先准入制度，使得师范生和非师范生在同一个平台上进行竞争。它一方面体现了中小学教师选拔的公平、公正、公开，另一方面也给师范专业建设提出更大的挑战。

为了帮助师范专业学生全面认清形势，了解国家有关政策导向，进一步加强教师职业技能培养，出版一部汇编国家相关政策并指导师范生的教学技能的自主实训教材很有必要。目前，各类教师教育实训教材不少，但将国家有关教师教育和教师队伍建设的一些重要文件编入实训教材者尚付阙如，这可以说是本教材的一大特色和亮点。这些文件有助于师范生加深对国家相关政策的认知，为他们日后顺利进入义务教育教师队伍不无助益。中小学教师教学技能如何训练和提高，不仅需要教师在课堂内言传身教，而且更需要学生在课外加强自我实训。以往师范专业师生在教学和实训中的一些案例所提供的正反两方面经验，可为后来人少走弯路提供借鉴。

同时，本书的编写也是玉林师范学院教师教育专业发展教育硕士的需要，还是玉林师范学院向应用型大学转型加强教师教育专业集群建设的需要。历史学师范专业是玉林师范学院老牌师范专业之一，在广西高校办学历史上也是较早的。近十余年来，该专业在师资队伍建设、教学与科研、服务地方和人才培养等方面，都取得了长足的发展，成为玉林师范学院教育硕士建设学科方向之一。

本书的编写包含着玉林师范学院中国史学科团队的集体智慧，其中，该学科负责人李伟中副校长、博士、教授在百忙中抽空参与学科会议，给予不少指导性意见和建议。本书具体编写工作主要由刘小云、莫伟华、陈耀华三位老师完成。其中，内容提要、前言、第一章、第四章由刘小云执笔，第二章由陈耀华执笔，第三章由莫伟华执笔，全书统筹由刘小云负责。

本书能得以顺利交付出版，要特别感谢玉林师范学院王卓华副校长、博士、教授和教务处等相关职能部门的推进以及西南交通大学出版社的支持！本书的出版得偿我们多年来的夙愿。衷心希望本书问世能给无数师范生以切实有效的帮助。不足之处，也请方家批评指导。

目 录

第一章 教育部教师教育重要文件汇编 ·· 1
一、《中学教师专业标准（试行）》 ·· 1
二、《中学教师培养专业认证标准（试行）》 ·· 5
三、《中小学教师资格考试暂行办法》 ·· 8
四、《中小学教师资格定期注册暂行办法》 ·· 11
五、《高等师范学校学生的教师职业技能训练大纲（试行）》 ················ 14
六、《义务教育历史课程标准（2011 年版）》 ···································· 28

第二章 历史学专业师范生教学技能实训手册 ·································· 53
一、历史学专业师范生教学技能实训大纲 ·· 53
二、历史学专业师范生教学技能实训指导手册 ································ 61
三、历史学专业师范生教学技能实训考核手册 ································ 68
四、历史学专业师范生教育实践指导手册 ·· 76

第三章 中学历史课堂教学技能课例教学 ·· 84
一、教学设计技能 ·· 84
二、说课技能 ··· 91
三、课堂教学环节处理技能 ··· 98
四、听课、评课技能 ·· 119

第四章 中学历史教师资格证考试标准与考试大纲 ·························· 123
一、中学教师资格考试标准（试行） ·· 123
二、《综合素质》（中学）（笔试部分） ·· 127
三、《教育知识与能力》（中学）（笔试部分） ·································· 130
四、《历史学科知识与教学能力》（初级中学）（笔试部分） ·············· 135
五、《历史学科知识与教学能力》（高级中学）（笔试部分） ·············· 138
六、中学教师资格考试（面试部分） ·· 142

参考文献 ·· 146

第一章　教育部教师教育重要文件汇编

教育部颁布了一系列教师教育的重要文件，作为师范专业师生都必须要通晓。本章着重介绍《中学教师专业标准（试行）》《中学教师培养专业认证标准（试行）》《中小学教师资格考试暂行办法》《中小学教师资格定期注册暂行办法》《高等师范学校学生的教师职业技能训练大纲（试行）》《义务教育历史课程标准（2011年版）》等6个文件，以便师范专业师生能够更好地开展教学工作，顺利实现教师教育角色转换。

一、《中学教师专业标准（试行）》

据教育部教师〔2012〕1号文件，为促进中学教师专业发展，建设高素质中学教师队伍，根据《中华人民共和国教师法》和《中华人民共和国义务教育法》，特制订《中学教师专业标准（试行）》（以下简称《专业标准》）。

中学教师是履行中学教育工作职责的专业人员，需要经过严格的培养与培训，具有良好的职业道德，掌握系统的专业知识和专业技能。《专业标准》是国家对合格中学教师的基本专业要求，是中学教师开展教育教学活动的基本规范，是引领中学教师专业发展的基本准则，是中学教师培养、准入、培训、考核等工作的重要依据。

（一）基本理念

1. 师德为先

热爱中学教育事业，具有职业理想，践行社会主义核心价值体系，履行教师职业道德规范，依法执教。关爱中学生，尊重中学生人格，富有爱心、责任心、耐心和细心；为人师表，教书育人，自尊自律，以人格魅力和学识魅力教育感染中学生，做中学生健康成长的指导者和引路人。

2. 学生为本

尊重中学生权益，以中学生为主体，充分调动和发挥中学生的主动性；遵循中学生身心发展特点和教育教学规律，提供适合的教育，促进中学生生动活泼学习、健康快乐成长，全面而有个性的发展。

3. 能力为重

将学科知识、教育理论与教育实践相结合，突出教书育人实践能力；研究中学生，遵循中学生成长规律，提升教育教学专业化水平；坚持实践、反思、再实践、再反思，不断提高专业能力。

4. 终身学习

学习先进中学教育理论，了解国内外中学教育改革与发展的经验和做法；优化知识结构，提高文化素养；具有终身学习与持续发展的意识和能力，做终身学习的典范。

（二）基本内容

1. 专业理念与师德

（1）职业理解与认识。

① 贯彻党和国家教育方针政策，遵守教育法律法规。
② 理解中学教育工作的意义，热爱中学教育事业，具有职业理想和敬业精神。
③ 认同中学教师的专业性和独特性，注重自身专业发展。
④ 具有良好职业道德修养，为人师表。
⑤ 具有团队合作精神，积极开展协作与交流。

（2）对学生的态度与行为。

① 关爱中学生，重视中学生身心健康发展，保护中学生生命安全。
② 尊重中学生独立人格，维护中学生合法权益，平等对待每一个中学生。不讽刺、挖苦、歧视中学生，不体罚或变相体罚中学生。
③ 尊重个体差异，主动了解和满足中学生的不同需要。
④ 信任中学生，积极创造条件，促进中学生的自主发展。

（3）教育教学的态度与行为。

① 树立育人为本、德育为先的理念，将中学生的知识学习、能力发展与品德养成相结合，重视中学生的全面发展。
② 尊重教育规律和中学生身心发展规律，为每一位中学生提供适合的教育。
③ 激发中学生的求知欲和好奇心，培养中学生学习兴趣和爱好，营造自由探索、勇于创新的氛围。
④ 引导中学生自主学习、自强自立，培养良好的思维习惯和适应社会的能力。
⑤ 尊重和发挥好共青团、少先队组织的教育引导作用。

（4）个人修养与行为。

① 富有爱心、责任心、耐心和细心。
② 乐观向上、热情开朗、有亲和力。
③ 善于自我调节情绪，保持平和心态。

④ 勤于学习，不断进取。
⑤ 衣着整洁得体，语言规范健康，举止文明礼貌。

2. 专业知识

（1）教育知识。
① 掌握中学教育的基本原理和主要方法。
② 掌握班级、共青团、少先队建设与管理的原则与方法。
③ 掌握教育心理学的基本原理和方法，了解中学生身心发展的一般规律与特点。
④ 了解中学生世界观、人生观、价值观形成的过程及其教育方法。
⑤ 了解中学生思维能力、创新能力和实践能力发展的过程与特点。
⑥ 了解中学生群体文化特点与行为方式。

（2）学科知识。
① 理解所教学科的知识体系、基本思想与方法。
② 掌握所教学科内容的基本知识、基本原理与技能。
③ 了解所教学科与其他学科的联系。
④ 了解所教学科与社会实践及共青团、少先队活动的联系。

（3）学科教学知识。
① 掌握所教学科课程标准。
② 掌握所教学科课程资源开发与校本课程开发的主要方法与策略。
③ 了解中学生在学习具体学科内容时的认知特点。
④ 掌握针对具体学科内容进行教学和研究性学习的方法与策略。

（4）通识性知识。
① 具有相应的自然科学和人文社会科学知识。
② 了解中国教育基本情况。
③ 具有相应的艺术欣赏与表现知识。
④ 具有适应教育内容、教学手段和方法现代化的信息技术知识。

3. 专业能力

（1）教学设计。
① 科学设计教学目标和教学计划。
② 合理利用教学资源和方法设计教学过程。
③ 引导和帮助中学生设计个性化的学习计划。

（2）教学实施。
① 营造良好的学习环境与氛围，激发与保护中学生的学习兴趣。
② 通过启发式、探究式、讨论式、参与式等多种方式，有效实施教学。
③ 有效调控教学过程，合理处理课堂偶发事件。

④引发中学生独立思考和主动探究，发展学生创新能力。
⑤发挥好共青团、少先队组织生活、集体活动、信息传播等教育功能。
⑥将现代教育技术手段整合应用到教学中。

（3）班级管理与教育活动。
①建立良好的师生关系，帮助中学生建立良好的同伴关系。
②注重结合学科教学进行育人活动。
③根据中学生世界观、人生观、价值观形成的特点，有针对性地组织开展德育活动。
④针对中学生青春期生理和心理发展特点，有针对性地组织开展有益身心健康发展的教育活动。
⑤指导学生理想、心理、学业等多方面发展。
⑥有效管理和开展班级、共青团、少先队活动。
⑦妥善应对突发事件。

（4）教育教学评价。
①利用评价工具，掌握多元评价方法，多视角、全过程评价学生发展。
②引导学生进行自我评价。
③自我评价教育教学效果，及时调整和改进教育教学工作。

（5）沟通与合作。
①了解中学生，平等地与中学生进行沟通交流。
②与同事合作交流，分享经验和资源，共同发展。
③与家长进行有效沟通合作，共同促进中学生发展。
④协助中学与社区建立合作互助的良好关系。

（6）反思与发展。
①主动收集分析相关信息，不断进行反思，改进教育教学工作。
②针对教育教学工作中的现实需要与问题，进行探索和研究。
③制订专业发展规划，积极参加专业培训，不断提高自身专业素质。

4. 实施建议

（1）各级教育行政部门要将《专业标准》作为中学教师队伍建设的基本依据。根据中学教育改革发展的需要，充分发挥《专业标准》引领和导向作用，深化教师教育改革，建立教师教育质量保障体系，不断提高中学教师培养培训质量。制订中学教师准入标准，严把中学教师入口关；制订中学教师聘任（聘用）、考核、退出等管理制度，保障教师合法权益，形成科学有效的中学教师队伍管理和督导机制。

（2）开展中学教师教育的院校要将《专业标准》作为中学教师培养培训的主要依据。重视中学教师职业特点，加强中学教育学科和专业建设。完善中学教师培养培训方案，科学设置教师教育课程，改革教育教学方式；重视中学教师职业道德教育，重视社会实践和教育实习；加强从事中学教师教育的师资队伍建设，建立科学的质量评价制度。

（3）中学要将《专业标准》作为教师管理的重要依据。制订中学教师专业发展规划，注重教师职业理想与职业道德教育，增强教师育人的责任感与使命感；开展校本研修，促进教师专业发展；完善教师岗位职责和考核评价制度，健全中学绩效管理机制。中等职业学校教师参照执行。

（4）中学教师要将《专业标准》作为自身专业发展的基本依据。制订自我专业发展规划，爱岗敬业，增强专业发展自觉性；大胆开展教育教学实践，不断创新；积极进行自我评价，主动参加教师培训和自主研修，逐步提升专业发展水平。

二、《中学教师培养专业认证标准（试行）》

2014 年 12 月 23 日，教育部教师工作司下文，拟在江苏、广西、河南省（自治区）等省区，推行《师范类专业认证标准（试行）》。其中，涉及历史学专业的有《中学教师培养专业认证标准（试行）》。

《中学教师培养专业认证标准（试行）》是国家关于高等学校设置中学教师培养专业应达到的基本要求。

本标准是国家开展中学教师培养专业资质认证和质量评价的基本依据，是高等学校对中学教师培养专业进行建设和评估的重要指南。

本标准适用于高等学校培养中学教师的师范类本科专业。

（一）专业定位与规划

（1）专业定位符合国家、地区教育改革发展和中学教师队伍建设的需要，与学校的办学定位、发展规划和培养条件相适应。

（2）专业办学理念清晰明确，有充分的理论依据，符合国家教师教育相关标准和政策的要求。

（3）培养方案体现专业办学理念，符合中学教师培养规律，培养目标、课程体系、教学方式、评价方式等相互联系、有机衔接。

（4）专业建设规划科学合理，具有前瞻性和可操作性，有落实专业建设规划的具体制度和措施。

（5）专业定位、办学理念和培养方案为师生和教学管理人员所了解、认同。

（二）课程与教学

（1）课程设置符合培养目标的要求，为师范生的终身学习和可持续发展奠定良好的基础。

（2）课程结构体现理论课程与实践课程、学科专业课程与教师教育课程之间的有机结合。公共基础课程、学科专业课程和教师教育课程的学分比例适当。其中，公共基础课程中人文社会与科学素养课程学分不低于总学分的 10%；学科专业课程学分不低于总学分的 50%，并覆盖各专业的核心课程；教师教育课程符合《教师教育课程标准（试行）》的要求。

（3）必修课与选修课的设置合理。必修课设置能确保学生达到专业培养的基本规格要求，选修课设置能满足学生的个性化发展需求。

（4）课程目标明确合理，内容丰富，吸收学科专业的前沿知识与教育改革发展的最新研究成果，将中学教学优秀案例融入到课程教学中。

（5）课堂教学、课外指导和师范生课外学习的时间分配合理，注重以课堂教学、课外指导推动师范生的课外学习，引导和促进师范生养成自主学习能力。重视教师养成教育，培养师范生长期从教的专业理想和为人师表的良好气质。

（6）注重师范生的主体参与和实践体验，采用案例教学、探究教学、现场教学等多种教学方式，培养师范生的实践能力、反思和研究能力；注重应用信息技术推进教与学的方式改革，培养师范生的信息素养和应用信息技术开展教学能力。

（7）教学班额符合课程教学需要，技能训练课程实行小班教学。

（8）教学评价符合课程目标要求，评价主体多元，评价方式多样，注重以评价推动教学方式和学习方式的改革。

（三）合作与实践

（1）与地方教育行政部门和中学建立互利共赢、持续稳定的合作伙伴关系，促进教师培养、教育研究和服务基础教育功能的有机结合。

（2）与合作伙伴共建教育实践基地，基地数量能够满足教育实践和教育教学研究的需要。每 30 个实习生不少于 1 个教育实习基地。

（3）教育实践时间不少于一学期，教育见习、教育实习、教育研习等环节具有连贯性，具有足够的深度、广度和多样性，并与其他教育环节有机衔接。

（4）教育实践指导教师数量充足，实行高校教师与中学教师共同指导师范生教育实践的"双导师"制度，有选拔、培训、评价和支持教育实践指导教师的有效制度和措施。

（5）师范生教育实践表现评价科学有效。

（四）教师队伍

（1）教师数量能够满足本专业教学和发展的需要，生师比不高于 16：1。

（2）教师队伍的专业技术职务、学历、年龄等结构合理，兼职教师比例适当。专任教师中具有硕士、博士学位教师所占的比例不低于 60%；专任学科课程与教学论教师占本专业的教师总数不低于 10%；作为兼职教师的优秀中学教师占教师教育课程教学教师人数的比例不低于 20%。

（3）教师严格遵守《高等学校教师职业道德规范》，具有良好的职业道德，为人师表，教书育人。

（4）教师从严执教，教学能力强，教学效果好；教师具有较强的教育教学研究能力，有一定数量的研究成果。

（5）承担教师教育课程的教师熟悉中学教育，至少有1年中学教育工作经历。

（6）具有切实可行的教师队伍建设规划，有支持教师专业发展的制度和措施。

（五）办学条件

（1）专业建设经费来源稳定，数量能满足培养需要，生均培养经费不低于学校平均水平；专业建设经费实行专项管理，专款专用。

（2）基本办学条件符合《普通高等学校基本办学条件指标（试行）》的要求，网络基础设施良好；有满足中学教师培养需要的数字微格教室、教学技能训练室、实验教学训练室等。

（3）与本专业相关的图书资料（含数字化资源）能够满足专业教学基本要求，利用率高。师范生生均教育类图书不低于30册；每6名教育实习生配备与中学学科相对应的教材不少于1套。

（六）质量保障

（1）建立教师培养质量保障体系，有效监测专业招生、培养过程和培养效果。

（2）根据社会需求和自身办学条件合理确定招生规模。录取的师范生高中学业水平考试（高中会考）各科成绩均为良好以上；高考成绩在二本线以上，录取的师范生中第一志愿考生所占比例不低于60%，师范生新生报到率不低于95%。

（3）有与教师教育相关的教师管理、学生管理和教学管理制度，执行严格。

（4）建立常态化的信息收集、自我评价和反馈整改机制，信息数据真实，评价措施操作性强，评价结论客观，评价结果在专业建设和教师培养质量改进中得到充分体现。

（七）学生发展

（1）毕业生达到《中学教师专业标准（试行）》提出的基本要求。

（2）毕业论文（设计、作品）符合学术规范，体现师范生具有综合运用所学知识解决实际问题的能力。

（3）应届毕业生获得教师资格证书的比例不低于85%。

（4）应届毕业生的初次就业率不低于本地区高校应届毕业生就业率的平均水平。

（5）应届毕业生从事教育工作的比例不低于65%，愿意长期从教、终身从教的比例高。

（6）毕业生社会声誉较好，用人单位评价较高。

三、《中小学教师资格考试暂行办法》

（一）总则

第一条　为建立国家教师资格考试制度，严格教师职业准入，保障教师队伍质量，依据《中华人民共和国教师法》《教师资格条例》和《国家中长期教育改革和发展规划纲要（2010—2020年）》，制订本办法。

第二条　中小学教师资格考试（以下简称教师资格考试）是评价申请教师资格人员（以下简称申请人）是否具备从事教师职业所必需的教育教学基本素质和能力的考试。

第三条　承担教师资格考试改革试点的省（区、市）组织实施教师资格考试，适用本办法。

第四条　参加教师资格考试合格是教师职业准入的前提条件。申请幼儿园、小学、初级中学、普通高级中学、中等职业学校教师和中等职业学校实习指导教师资格的人员须分别参加相应类别的教师资格考试。

第五条　教师资格考试实行全国统一考试。考试坚持育人导向、能力导向、实践导向和专业化导向，坚持科学、公平、安全、规范的原则。

（二）报考条件

第六条　符合以下基本条件的人员，可以报名参加教师资格考试：

（一）具有中华人民共和国国籍；

（二）遵守宪法和法律，热爱教育事业，具有良好的思想品德；

（三）符合申请认定教师资格的体检标准；

（四）符合《教师法》规定的学历要求。

普通高等学校在校三年级以上学生，可凭学校出具的在籍学习证明报考。

第七条　申请人应在户籍或人事关系所在地报名参加教师资格考试。普通高等学校在校生可在就读学校所在地报名参加教师资格考试。

第八条　试点省份试点工作启动前已入学的全日制普通高校师范类专业学生，可以持毕业证书申请直接认定相应的教师资格。试点工作启动后入学的师范类专业学生，申请中小学教师资格应参加教师资格考试。

第九条　被撤销教师资格的，5年内不得报名参加考试；受到剥夺政治权利，或故意犯罪受到有期徒刑以上刑事处罚的，不得报名参加考试。曾参加教师资格考试有作弊行为的，按照《国家教育考试违规处理办法》的相关规定执行。

（三）考试内容与形式

第十条　教师资格考试包括笔试和面试两部分。

第十一条　笔试主要考查申请人从事教师职业所应具备的教育理念、职业道德、法律法规知识、科学文化素养、阅读理解、语言表达、逻辑推理和信息处理等基本能力；教育教学、学生指导和班级管理的基本知识；拟任教学科领域的基本知识，教学设计实施评价的知识和方法，运用所学知识分析和解决教育教学实际问题的能力。

第十二条　笔试主要采用计算机考试和纸笔考试两种方式进行。采用计算机考试和纸笔考试的范围和规模，根据各省（区、市）实际情况和条件确定。

第十三条　幼儿园教师资格考试笔试科目为《综合素质》《保教知识与能力》2科；小学教师资格考试笔试科目为《综合素质》《教育教学知识与能力》2科；初级中学、普通高级中学教师和中等职业学校文化课教师资格考试笔试科目为《综合素质》《教育知识与能力》《学科知识与教学能力》3科；中等职业学校专业课教师和实习指导教师资格考试笔试科目为《综合素质》《教育知识与能力》《专业知识与教学能力》3科。

中等职业学校教师的《专业知识与教学能力》科目测试，暂由各省（区、市）自行命题和组织实施。

第十四条　面试主要考查申请人的职业认知、心理素质、仪表仪态、言语表达、思维品质等教师基本素养和教学设计、教学实施、教学评价等教学基本技能。

第十五条　面试采取结构化面试、情境模拟等方式，通过抽题、备课（活动设计）、回答规定问题、试讲（演示）、答辩（陈述）、评分等环节进行。

第十六条　国家确定笔试成绩合格线，省级教育行政部门确定面试成绩合格线。

第十七条　考生在笔试和面试成绩公布后，可通过教师资格考试网站查询本人的考试成绩。考生如对本人的考试成绩有异议，可在考试成绩公布后10个工作日内向本省（区、市）教师资格考试机构提出复核申请。

第十八条　笔试单科成绩有效期为2年。笔试和面试均合格者由教育部考试中心（教育部教师资格考试中心）颁发教师资格考试合格证明。教师资格考试合格证明有效期为3年。教师资格考试合格证明是考生申请认定教师资格的必备条件。

（四）考试实施

第十九条　笔试一般在每年3月和11月各举行一次。面试一般在每年5月和12月各举行一次。

第二十条　省级教师资格考试机构按照《中小学教师资格考试考务工作规定》《中小学教师资格考试机考考务细则》组织实施笔试考务工作；按照《中小学教师资格考试面试工作规程》，制订面试实施细则，组织实施面试工作。

第二十一条　省级教师资格考试机构使用教师资格考试考务管理信息系统进行笔试和面试的报名受理、考点设置、考场编排等考务管理工作。

第二十二条　笔试和面试考生通过教师资格考试网站进行报名后，需携带省级教师资格考试机构规定的相关材料，到指定考点进行报名审核，并现场确认报考信息。

考生笔试各科成绩合格并在有效期内的，方可报名参加面试。

第二十三条 省级教师资格考试机构组织开展本省（区、市）考务相关人员的安全保密教育和考务流程培训工作。

第二十四条 笔试和面试机考软件系统的使用实行首席技术负责人制度，采取分级培训方式进行。

第二十五条 面试一般按学科分组进行。每个考评组由不少于3名考官组成，设主考官1名。

第二十六条 面试考官由高校专家、中小学和幼儿园优秀教师、教研机构专家等组成。面试考官须具备以下条件：

（一）熟悉教师资格考试相关政策；

（二）具有良好的职业道德，公道正派，身体健康；

（三）具有扎实的专业知识、较强的分析概括能力、判断能力和语言表达能力；

（四）从事相关专业教学或研究工作5年以上，一般应具有副高级以上专业技术职务（职称）；

（五）参加省级或国家级教师资格考试机构组织的培训并获得证书。

第二十七条 各级教育行政部门及教师资格考试机构不得组织教师资格考试培训。

（五）考试安全与违规处罚

第二十八条 省级教师资格考试机构根据《中小学教师资格考试应急处置预案实施办法（试行）》处置和应对考试期间的突发事件。

第二十九条 对试题命制、考务管理、监考等考试相关人员发生的违规行为按照《保守国家秘密法》《国家教育考试违规处理办法》进行处罚。情节严重，构成犯罪的，由司法机关依法追究刑事责任。

第三十条 对考生违规行为按照《国家教育考试违规处理办法》认定和处理。

（六）组织管理

第三十一条 教育部依据教师专业标准和教师教育课程标准，制订教师资格考试标准，组织审定教师资格考试大纲。教育部考试中心（教育部教师资格考试中心），负责教师资格考试的组织实施。主要职责是：

（一）依据考试标准拟定考试大纲；

（二）组织命制笔试和面试试题，建设试题库；

（三）制订考务管理规定，研发和维护考试管理系统；

（四）组织考务工作，培训技术人员；

（五）组织阅卷，负责考试成绩管理与评价；

（六）指导、监督、检查各省、自治区、直辖市考试实施工作。

第三十二条 省级教育行政部门全面负责本行政区域内教师资格考试工作。可成立教师资格考试领导小组，由省级教育行政部门的主要领导兼任领导小组组长。指定专业化教育（教师资格）考试机构，在省级教育行政部门领导下具体负责考务组织工作，主要职责是：

（一）制订本地区考务管理具体措施；
（二）组织本地区考务工作；
（三）组织面试考官及考务工作人员培训；
（四）管理、指导、监督本行政区域各考区工作；
（五）负责本行政区域教师资格考试安全保密工作。

第三十三条　教师资格考试以市（地、州、盟）为单位设立考区。各考区的教师资格考试的组织实施由市（地、州、盟）教育行政部门和教师资格考试机构负责。

第三十四条　教师资格考试费用按照财政部、国家发展改革委《关于同意收取教师资格考试考务费等有关问题的通知》（财综〔2012〕41号）规定收取。

（七）附则

第三十五条　省级教育行政部门可以依据本办法制订实施细则，并抄送教育部。
第三十六条　本办法自发布之日起实施。

四、《中小学教师资格定期注册暂行办法》

（一）总则

第一条　为完善教师资格制度，健全教师管理机制，建设高素质专业化教师队伍，根据《教师法》《教师资格条例》和《国家中长期教育改革和发展规划纲要（2010—2020年）》，制订本办法。

第二条　教师资格定期注册是对教师入职后从教资格的定期核查。中小学教师资格实行5年一周期的定期注册。定期注册不合格或逾期不注册的人员，不得从事教育教学工作。

第三条　承担中小学教师资格定期注册改革试点的省（区、市）组织实施教师资格定期注册工作，适用本办法。

第四条　中小学教师资格定期注册的对象为公办普通中小学、中等职业学校和幼儿园在编在岗教师（以下简称教师）。

省级教育行政部门可根据本地教师队伍建设的实际需要，将依法举办的民办普通中小学、中等职业学校和幼儿园教师纳入定期注册范围。

第五条　教师资格定期注册应与教师人事管理工作紧密结合，将严格教师考核和促进教师专业发展作为重要的工作目标。定期注册应坚持以人为本、科学规范和公开公平公正原则，客观体现教师职业道德、业务水平和工作业绩情况。

第六条 国务院教育行政部门主管教师资格定期注册工作。县级以上地方教育行政部门负责本地教师资格定期注册的组织、管理、监督和实施。

（二）注册条件

第七条 申请首次注册的，应当具备下列条件：

（一）具有与任教岗位相应的教师资格；

（二）聘用为中小学在编在岗教师；

（三）省级教育行政部门规定的其他条件。

对于首次任教人员须试用期满且考核合格。

第八条 满足下列条件的，定期注册合格：

（一）遵守国家法律法规和《中小学教师职业道德规范》，达到省级教育行政部门规定的师德考核评价标准，有良好的师德表现；

（二）每年年度考核合格以上等次；

（三）每个注册有效期内完成不少于国家规定的360个培训学时或省级教育行政部门规定的等量学分；

（四）身心健康，胜任教育教学工作；

（五）省级教育行政部门规定的其他条件。

第九条 有下列情形之一的，应暂缓注册：

（一）注册有效期内未完成国家规定的教师培训学时或省级教育行政部门规定的等量学分；

（二）中止教育教学和教育管理工作一学期以上，但经所在学校或教育行政部门批准的进修、培训、学术交流、病休、产假等情形除外；

（三）一个注册周期内任何一年年度考核不合格。

暂缓注册者达到定期注册条件后，可重新申请定期注册。具体办法由省级教育行政部门根据实际情况制订。

第十条 有下列情形之一的，注册不合格：

（一）违反《中小学教师职业道德规范》和师德考核评价标准，影响恶劣；

（二）一个定期注册周期内连续两年以上（含两年）年度考核不合格；

（三）依法被撤销或丧失教师资格。

（三）注册程序

第十一条 取得教师资格，初次聘用为教师的，试用期满考核合格之日起60日内，申请首次注册。经首次注册后，每5年应申请一次定期注册。

第十二条 教师资格定期注册须由本人申请，所在学校集体办理，按照人事隶属关系报县级以上教育行政部门审核注册。

第十三条 教师应当在定期注册有效期满前60日内，申请办理下一次教师资格定期注册。定期注册实行网上申请。

第十四条 申请教师资格定期注册，应当提交下列材料：

（一）《教师资格定期注册申请表》一式2份；

（二）《教师资格证书》；

（三）中小学或主管部门聘用合同；

（四）所在学校出具的师德表现证明；

（五）5年的各年度考核证明；

（六）省级教育行政部门认可的教师培训证明；

（七）省级以上教育行政部门根据当地实际要求提供的其他材料。

申请首次注册的，应当提交上述（一）（二）（四）（七）项材料，同时提交试用期考核合格证明。

第十五条 对于本办法实施之日前已获得教师资格证书的中小学在编在岗教师，首次注册的办法由省级教育行政部门规定。

第十六条 定期注册工作不收取教师和学校任何费用。

第十七条 县级以上教育行政部门在受理注册申请终止之日起90个工作日内，对申请人提交的材料进行审核并给出注册结论。注册结论应提前进行公示。

第十八条 县级教育行政部门负责申报材料的初审，提出注册结论的建议；地市级教育行政部门负责申报工作的复核；省级教育行政部门对注册申请进行终审，并在全国中小学教师资格定期注册管理信息系统中填报注册结论及有关信息。

第十九条 县级以上教育行政部门将申请人的《教师资格注册申请表》一份存入个人人事档案，一份归档保存。同时在申请人《教师资格证书》附页上标明注册结论。

（四）罚则

第二十条 申请人隐瞒有关情况或提供虚假材料申请教师资格注册的，视情况暂缓注册或注册不合格，并给予相应处罚；已经注册的，应当撤销注册。

第二十一条 所在学校未按期如实提供申请人定期注册证明材料的，上级教育行政部门应当责令改正，对直接负责的主管人员和其他直接责任人依法给予行政处分。

第二十二条 地方教育行政部门实施定期注册，有下列情形之一的，由其上级教育行政部门或者监察机关责令改正，对直接负责的主管人员或者其他直接责任人员依法给予行政处分：

（一）对不符合教师定期注册条件者准予定期注册的；

（二）对符合教师定期注册条件者不予定期注册的。

第二十三条 注册范围内的教师无故逾期不申请定期注册，按照注册不合格处理。

（五）附则

第二十四条 教师资格定期注册申请人对定期注册结果有异议的，可依法提出申诉或者行政复议。

第二十五条 省级教育行政部门可以依据本办法制订实施细则，并抄送教育部。

第二十六条 本办法自发布之日起施行。

五、《高等师范学校学生的教师职业技能训练大纲（试行）》

本大纲适用于高等师范学校，是对学生进行教师职业基本技能训练的依据。高等师范学校学生的教师职业技能训练内容包括讲普通话和口语表达、书写规范汉字和书面表达、教学工作、班主任工作技能等四部分。它是高等师范学校各专业的学生都应具备的，是学生必修的内容。对高等师范学校在校学生有目的、有计划地进行系统的教师职业技能训练，目的是引导学生将专业知识和教育学、心理学的理论与方法转化为具体从师任教的职业行为方式，并使之趋于规范化，对于形成学生教育和教学能力，对于学生毕业后胜任教师工作都具有重要的作用。

本大纲在教师职业技能训练的各部分内容中，都提出了明确的训练目的、训练内容以及训练建议和考核要求。在实施训练中可根据各部分训练内容的特点，进行合理的安排，以形成系统的、各部分之间有机联系的训练链。对学生进行教师职业技能训练应在理论的指导下加强实践环节，指导教师要在精讲有关职业技能的基本知识、组成要素和操作程序的基础上，重点指导学生进行系统的实践，使学生在实践中不断改善、不断趋于整体协调和完善，以获得稳定的教师职业技能。

大纲提出了训练中的讲授与实践的学时比例为 1：2。在教师职业技能训练中，要制作和充分利用声像等多种媒体，对学生进行各种教师职业技能的示范定向，及时反馈训练效果。重视调动学生参加教师职业技能训练的积极性，让学生积极主动地投入训练。

本大纲是根据国家教委师范司颁发的《关于印发〈高等师范学校学生的教师职业技能训练基本要求〉（试行稿）的通知》制订的。

第一部分 讲普通话和口语表达技能训练

说 明

高等师范学校是国家推广普通话的重点之一，普通话是教师的职业语言，用普通话进行教育教学工作是合格教师的必备条件，因此高等师范学校学生必须讲普通话，并按国家主管部门制订的《普通话水平测试标准》的要求通过测试。教师的教育和教学工作都要求很强的口语表达能力，因此对高等师范学校学生进行专门的口语训练并且提出较高的要求，是十分必要的。应当逐步扭转对口语重视不够的偏向。

讲普通话的技能是口语表达技能的基础，讲普通话没有达到一定的水平，无法进行口语表达技能的训练。在口语表达技能训练中，能够进一步提高讲普通话的水平。讲普通话达到要求的，可重点进行口语表达技能的训练。这两项技能训练应当安排在一年级。

考核办法：按《普通话水平测试标准》普遍进行测试，合格者发给证书。口语表达的考核由任课教师或校内专门机构负责，主要考核朗读和讲演（或讲课）两项，但不得用教育实习替代。成绩分为优秀、良好、及格、不及格四等。

一、讲普通话技能的训练

（一）训练目的

对高等师范学生的普通话训练，一般应当达到国家主管部门制订的《普通话水平测试标准》的二级，即能用比较标准的普通话进行朗读、讲课和交谈。对中文专业学生的要求：北方方言区一般应达到一级，南方方言区达到二级中等。

（二）训练内容

（1）树立或加强推普意识：了解普通话的形成，了解推普的重要意义，了解国家推普的方针、政策和任务。

（2）了解发音器官、发音部位和发音方法；掌握好《汉语拼音方案》；掌握普通话的声母、韵母、声调，掌握变调、轻声、儿化等。

（3）熟练掌握现代汉语3500个常用字所组词语的标准读音，学习《汉语拼音正词法基本规则》，能直呼音节，正确拼写汉语词语。

（4）用普通话朗读、对话。

（5）了解本地方言语音与普通话语音的主要差别和对应规律，能进行方音辨正。

（6）了解本地方言的词汇、语法与普通话的主要区别，能进行本地方言词汇、语法辨正。

（三）训练建议

（1）要给学生准备学习普通话的材料，准备学习普通话的音像资料，供学生上课或自学使用。建立普通话学习中心，学生在这里可以看到资料，得到指导。

（2）创造条件开设国家教委要求开设的"教师口语"课程。

（3）按国家主管部门制订的《普通话水平测试标准》对新生普遍进行测试，达到二级者发给证书，不达标者参加学习班学习和训练。学校主要是办"普通话二级达标班"，也可办提高班。

（4）"普通话二级达标班"每个系根据需要开设若干班。每班学生人数以十几个为宜，以便教师指导练习。

（5）"普通话二级达标班"的教师（专职或兼职）如人手不够，可由中文系高年级学生经过培训后承担。

二、口语表达技能训练

（一）训练目的

对高等师范学校学生口语表达技能训练的目的是：有较强的朗读、讲演和讲话能力，口语表达做到清晰、正确、得体，掌握教学、教育、交谈的口语特点，力求做到科学、简明、生动，具有启发性。

（二）训练内容

1. 朗读

（1）朗读是口语训练的重要途径。

（2）朗读的要求：正确、清楚、流畅；恰当而充分地表达思想感情。

（3）朗读的准备：熟悉内容，明确目的，了解对象。

（4）朗读的技能：吐字归音、重音、停连、语调、节奏等，朗读与朗诵的区别与联系。

（5）要求熟读诗歌2～3篇，基本达到朗读的各项要求。

2. 讲演

（1）讲演的特点和作用。

（2）讲演的要求。

（3）讲演的准备：选好讲演内容——自己熟悉，听者关注；要了解听众，加强针对性。写好讲稿——观点明确，材料丰富，逻辑严密，语言准确、生动；要进行充分的练习、准备，增强自信心。

（4）讲演的技能：开头与结尾，突出重点，显示条理，临场应变，适当的手势、表情、姿态。

（5）做讲演2～3次，基本达到讲演的各项要求。

3. 交谈

（1）交谈的特点与要求。

（2）交谈的种类（偶然性的或约会性的，拜访性的或采访性的，电话或其他）及其技能。

4. 教学口语

（1）教学口语的特点与要求。

（2）教学口语的种类（复述、描述、概述、评述、解说等）及其技能。

5. 教育口语

（1）教育口语的特点与要求。

（2）教育口语的种类（说服、评论、指导等）及其技能。

（三）训练建议

（1）创造条件，开设国家教委要求开设的"教师口语"课程。

（2）购置或制作朗读、讲演、交谈、教学口语、教育口语等的音像资料，供教学使用。

（3）由学生会、共青团或其他社团经常组织学生进行朗诵比赛、讲演比赛，各班级也要经常组织。对朗诵和讲演好的优秀学生要给予奖励。还可以组织讲演团、朗诵团、话剧团等，学校要给予支持。

（4）各专业的教学法课要讲授教学、教育语言的运用问题。

（5）教育实习期间，指导教师要注意培养和考查实习生的口语表达能力。

第二部分　书写规范汉字和书面表达技能的训练

说　明

　　汉字是记录汉语、传递信息的重要工具，也是教师教育工作的重要工具。国家对现行汉字已经确定了统一的规范和标准，教师应当掌握这个规范和标准。是否能写一笔规范的好字（或比较好的字），直接关系到教育教学效果和教师的威信，因此对高等师范学校学生应进行书写规范汉字的训练，提高书写规范汉字的水平。文科各系需要阅读繁体字书籍的，可引导学生通过查字表或字典自行掌握，不必也不宜为此进行教学和训练。

　　为了胜任教师工作，还应当教育高等师范学校学生注意书面语言的表达，对其进行有关训练，使他们养成良好的写作习惯，提高写作水平。

　　对高等师范学校学生进一步加强规范汉字、书写技能和书面表达这三项技能的训练是很有必要的，但是这些任务相当困难而且容易被忽略。这三项技能在原有基础上能不能提高，关键在于学习的态度是否认真，思想上重视了才谈得上技能的提高。因此训练中要坚持思想教育和技能训练并举。这三项技能的训练应当从一年级开始。

　　考核办法：与其他课程一样，按学籍管理办法的有关条文进行。评定成绩分为优良、良好、及格、不及格四等。也可组织全校进行语言文字基本功考核。

一、掌握规范汉字的训练

（一）训练目的

　　教育高等师范学校学生树立用字要规范的意识，训练他们写字规范正确，笔画清楚，要掌握好3500个常用字，自觉纠正错别字。

（二）训练内容

1. 了解国家语言文字工作的方针、政策，掌握汉字的规范标准

（1）巩固汉字简化成果，坚持汉字简化方向。

（2）了解汉字规范的重要意义。知道什么是规范汉字、什么是不规范汉字。

（3）了解教师把汉字写得规范正确的重要意义。

2. 掌握好现代汉语常用字

（1）掌握常用字的笔画、笔顺和字形结构。

（2）掌握《简化字总表》中的简化字。

（3）会读、会写、会用《现代汉语常用字表》中所收的3500个字。

（4）自觉纠正错别字，分清容易读错、写错的字和多音多义字。

（三）训练建议

（1）给学生提供规范汉字的学习、练习资料，以及有关的音像资料。

（2）学校要创造使用规范汉字的环境和氛围，学校教师要以身作则，各科教师要齐抓共管，如各科教师对学生作业、论文、实习教案中的错别字和不规范字都要给予纠正。

二、书写技能的训练

（一）训练目的

对高师学生加强书写技能的训练，主要是进一步培养良好的书写习惯，纠正已经形成的不良书写习惯。这是一个相当繁难的任务。考虑到现实情况，训练目的定为：以提高硬笔楷书的书写技能为主，兼顾行书；提倡写好毛笔字。这里所指是的书写技能，不是书法艺术。

（二）训练内容

（1）教师要明确书写技能的重要性。

（2）对教师书写技能的要求：笔画清楚，正确规范，熟练有力，匀称美观。

（3）掌握执笔、运笔的方法，纠正不正确动作和姿势。

（4）掌握汉字笔画的书写、间架结构的安排。纠正有关的书写毛病。

（5）掌握书写款式：卷面干净，留有天地，布局恰当，行款整齐。

（6）掌握选帖、读帖和临摹的基本知识和要领，培养对书法作品的鉴赏能力。

（三）训练建议

（1）给学生提供书法学习的练习资料和有关音像资料。

（2）举办多种多样的有关书法的课外活动，如观摩、展览、比赛等，鼓励学生把字写好。

三、常用文体写作技能的训练

（一）训练目的

训练高等师范学校学生掌握教师常用文体的写作技能，所写文章内容符合文体要求，语言得体，语句通顺，标点符号正确无误。

（二）训练内容

（1）掌握工作计划、工作总结、申请报告、调查报告、各类信函等常用文体的写作知识（包括行款格式）和技能。

（2）学习范文，并习作若干篇。

（3）掌握常见语病的类型和改正方法。

（4）进一步掌握标点符号用法，纠正容易出现的错误。

（三）训练建议

（1）给学生提供有关常用文体写作技能的学习、练习资料（包括范文和误例）。

（2）各科教师对学生的书面表达要齐抓共管，对学生作业、论文、实习教案等都严格要求，发现问题要给予指正，要讲评，要作为评分的标准之一。

第三部分 教学工作技能训练

说 明

教学工作技能训练是指教师备课、上课、批改作业和评定成绩等教学环节所必备的技能训练。教学工作技能是高等师范学校学生的教师职业技能的重要组成部分，是师范生提高从师任教素质的必修内容。进行教学工作技能训练是师范教育改革的重要方面。

教学工作技能是教师运用专业知识和教学理论进行教学设计、使用教学媒体、编制教学软件、组织课内外教学活动和进行教学研究等所采取的一系列教学行为方式。教学工作技能训练是在教育学、心理学和学科教育理论的指导下，以专业知识为基础进行的教学基本技能训练，是理论联系实际的实践活动。其主要内容包括：进行教学设计的技能，使用教学媒体和编制教学软件的技能，课堂教学的技能，设计和批改作业的技能，组织和指导学科课外活动的技能及教学研究的技能。教学工作技能训练是实践性的教学活动。在进行教学技能训练的过程中，要利用多种形式充分调动学生的积极性，使其参加实践、讨论、评论等活动，掌握教学基本技能。为了便于学生对各项教学技能的感知和理解，要提供必要的录像示范或直接示范。在实践过程中应使用声像设备对其实践过程进行记录和反馈，使学生的教学技能不断改善和趋于稳定。各校对学生进行教学工作技能训练可采取多种形式，有计划、有步骤地开展工作。在训练过程中采取定性与定量相结合的评价方法，定性评价指出优缺点以便改进，定量评价是给出量化结果以记入成绩。为此，首先要制订每项教学技能的评价标准，训练时由学生自己根据标准进行评价，作为平时训练成绩，占总考核成绩的40%。单项教学技能训练结束后进行教学技能综合训练，由指导教师评价，占总考核成绩的60%。

一、教学设计技能的训练

（一）训练目的

理解教学设计的概念，了解教学设计的方法，通过训练掌握制订教学目标、分析和处理教材、了解学生、制订教学策略、制订教学计划和编写教案的方法。能结合学科特点设计和批改学生作业，课后能评价自己和别人的教学。

（二）训练内容

（1）概念：教师在备课过程中，用系统的方法把各种教学资源有机地组织起来，对教学过程中相互联系的各个部分的安排做出整体计划，建立一个分析和研究的方法，制订解决问题的步骤，对预期的结果进行分析。

（2）制订教学目标：了解教学目标的类别，掌握制订教学目标的方法和要求，重点掌握制订课堂教学目标的方法。

（3）分析和处理教材：通过训练初步学会分析教材的方法，能围绕教学目标组织和处理教材。

（4）了解学生：了解学生学习的特点，掌握分析学生学习的方法。

（5）制订教学策略：能根据教学目标、教学内容和学生实际选择教学媒体，其中包括：教学内容与媒体选择；学生特点与媒体选择；媒体的教学特性与选择，媒体的价值与选择。将各种媒体有机地结合，设计课堂教学活动。

（6）制订教学计划和编写教案：了解教学计划和教案的结构和要求，掌握制订教学计划和编写教案的方法，通过训练能写出合乎要求的教学计划和教案。

（7）作业的类型和设计：了解本学科学生作业的类型及设计的方法，能根据教学的需要选择和设计作业的内容。

（8）学习评价：了解学习评价的依据和标准，通过训练掌握学习评价的方法。

（三）训练建议

（1）如果在教材教法等课程中已有此内容，可结合教材教法课进行训练。

（2）"（二）训练内容"中的（3）（5）（7）的内容可作为训练的重点。

（3）可选择中学某节教材的教学内容训练学生制订教学目标、分析处理教材和编写教案，并分组讨论，相互交流。

（4）设计和批改作业的训练，可选择中学教材的某节内容让学生设计练习题，也可组织学生分析教材上的习题，搜集其他练习题，通过讨论和研究建立小题库。

二、使用教学媒体技能的训练

（一）训练目的

使学生了解教学媒体的种类和功能，掌握现代教学媒体的使用方法及常用软件编制的方法。能根据教学内容和学生的特点选择、使用教学媒体，设计制作教学所需的教学软件及简易教具。

（二）训练内容

（1）概念：教师在进行教学设计和课堂教学中，根据教学内容和学生的特点设计、选择、使用教学媒体的行为方式。

（2）教学媒体及其教学特性：①常规教学媒体及其教学特性：图书、实物、标本、模型、图画、挂图。②现代教学媒体及其教学特性：投影、幻灯、录音、电视与录像、计算机。

（3）简易教具的制作方法。

（4）教学软件的编制与使用；投影片的种类和制作，录音教材的制作；幻灯、电视录像教材和计算机辅助教学软件的应用。

（5）将各种媒体有机组合。

（三）训练建议

（1）在训练内容中常规媒体与现代教学媒体并重。

（2）教学软件的编制以投影片的制作为主。

（3）在现代教学媒体的使用、制作训练中可请电教教师协助教学。

三、课堂教学技能的训练

（一）训练目的

使学生了解课堂教学中基本教学技能的类型，理解各项基本教学技能的概念。掌握各项教学技能的执行程序和要求，通过训练能根据教学任务和中学生的特点把教学技能应用于教学实践。

（二）训练内容

1. 导入技能

（1）概念：导入是在新的教学内容或活动开始时，教师引导学生进入学习的行为方式。

（2）导入的类型：直接导入；旧知识导入；生动实例导入；直观教具导入；故事导入；问题导入；实验导入等。

（3）导入的程序：集中注意—引起兴趣—激发思维—明确目的—进入学习课题。

（4）导入的要求：针对教学内容和学生的特点，导入目的明确；能引起学生兴趣，有启发性；导入与新知识联系紧密，进入课题自然合理。

2. 板书板画技能

（1）概念：教师利用黑板以凝练的文字语言和图表等形式，传递教学信息的行为方式。

（2）板书板画的类型：提纲式；语词式，表格式；线索式；图示式，示意图，简笔画等。

（3）板书板画的要求：书写规范迅速，示范性强；条理清晰，布局合理；形式多样，启发思维；文字、图表科学准确；板书简单明了，形象生动。

3. 演示技能

（1）概念：教师根据教学内容特点和学生学习的需要，运用各种教学媒体把事物的形态、结构或变化过程等内容展示出来，指导学生理解和掌握知识、传递教学信息的行为方式。

（2）演示的类型：实物、标本、模型的演示；挂图的演示；电灯、投影的演示；电视的演示和课堂实验的演示。

（3）演示的程序：心理准备，出示演示物，对演示物进行说明、讲解、总结，核查学生理解。

（4）演示的要求：对演示物精心选择；演示前提出问题和观察重点；演示时要指导学生观察，充分感知；多种媒体相互融合，综合利用；演示后及时总结，明确观察结果。

4. 讲解技能

（1）概念：教师利用语言及各种教学媒体引导学生理解重要事实，形成概念、原理、规律、法则等行为方式。

（2）讲解的类型：事实性知识的讲解，抽象性知识的讲解。

（3）讲解的程序：事实性知识的讲解（提出问题叙述事实）；提示要点—核查理解。抽象性知识的讲解可采用归纳法：提供感性材料—指导分析—综合概括巩固深化；演绎法：提出概念—阐明术语—举出实例（正、反例）—巩固深化。

（4）讲解的要求：明确目标、重点突出；运用丰富的实例（正、反例），联系已学过的知识，引导学生分析概括，培养学习方法；及时巩固、应用，理论联系实际。

5. 提问技能

（1）概念：教师以提出问题的形式，通过师生的相互作用，检查学习、促进思维、巩固知识、运用知识、促进学生学习的行为方式。

（2）提问的类型：回忆提问；理解提问；运用提问；分析提问；综合提问；评价提问。

（3）提问的程序：引入阶段—陈述阶段—介入阶段—评价阶段。

（4）提问的要求：设计多种水平的问题；问题重点突出，简明易懂，把握提问时机，给予启发和引导；给予分析和评价。

6. 反馈和强化技能

（1）概念：反馈是教师传出教学信息后，从学生那里取得对有关信息反应的行为方式。强化则是教师通过各种方法促进和增强学生的某一行为变化朝更好方向发展的行为方式。

（2）反馈的类型：课堂观察；课堂提问；课堂考查；实践操作。

（3）强化的类型：语言强化，符号（标志）强化，动作强化；活动强化。

（4）反馈和强化的要求：反馈及时准确，强化恰到好处；反馈形式灵活多样，强化方式适合学生特点，发现学生的微小进步，强化以表扬为主。

7. 结束技能

（1）概念：在完成一个教学内容或活动时，教师积极进行归纳总结，使学生所学知识形成系统，转化升华的行为方式。

（2）结束的类型：归纳式；比较式；活动式；练习式；拓展延伸式。

（3）结束的程序：简单回忆—提示要点—巩固练习或拓展延伸。

（4）结束的要求：明确教学重点，提示知识要点；形成知识系统，使学生理解升华；及时巩固，强化学习。结束形式多样，增强学生兴趣。

8. 组织教学技能

（1）概念：在课堂教学中教师不断组织学生的注意，管理纪律，引导学习，建立和谐的教学环境，指导学生进行学习的行为方式。

（2）组织的类型：管理性组织；指导性组织；诱导性组织。

（3）组织的要求：明确目的，教书育人；了解学生，尊重学生；重视集体，形成风气；灵活应变，因势利导。

9. 变化技能

（1）概念：这是教师利用表情、动作等身态语，辅助口头语言传递教学信息和表达情感的行为方式。

（2）变化的类型：动作变化；表情变化；眼神变化；声调变化。

（3）变化的要求：根据教学内容和学生的特点确定变化的类型；每一种类型的应用要有助于组织学生的注意和传递教学信息；变化技能的应用要合理适度。

10. 教学技能综合训练

综合运用以上几种教学技能进行训练。

（三）训练建议

（1）训练的方法主要采用微型教学的方法。注意提供必要的示范，有条件的学校要应用现代教学手段提供声像反馈，以获得更好的训练效果。

（2）根据学生情况，训练要有重点，技能的分别训练与综合实践相结合。

四、组织和指导学科课外活动技能的训练

（一）训练目的

使学生了解学科课外活动的特点、方法、组织形式及活动方案的设计，能组织和指导与本学科教学有关的课外活动。

（二）训练内容

（1）概念：教师根据学生的特点及培养学生能力的要求，组织、指导学生开展有关学科课外活动的教学行为方式。

（2）学科课外活动的类型：课外兴趣小组；科技知识竞赛，读书报告会；小论文和小制作比赛；参观；调查等。

（3）学科课外活动常用的方法：观察和调查；实验和实践；讨论和评议；制作和创作。

（4）学科课外活动方案的设计：了解活动方案的构成和活动方案设计的方法。

（5）学科课外活动内容选择的要求：活动目的明确，有利于人才培养；活动内容的选择要适合青少年的特点；课内课外知识有机结合；教师具有辅导能力。

（三）训练建议

组织学生开展学科课外活动，由学生自己设计方案，执行方案，从而得到训练。训练活动也可结合教育实习进行。

五、教学研究技能的训练

（一）训练目的

使学生了解教学研究的方法、能初步运用本专业知识的教育学、心理学原理进行教学研究，探索教学改革，提高教学质量。

（二）训练内容

（1）概念：初步运用教学理论进行教学研究设计、资料搜集与统计处理、撰写论文的行为方式。

（2）教学研究课题的选择：了解教学研究课题；课题选择的方法及如何制订研究计划。

（3）教学研究的方法：调查研究；观察研究；实验研究；比较研究。

（4）研究资料的统计和分析：掌握统计描述的基本方法，了解统计检验的适用范围。

（5）研究论文撰写的方法：了解科研论文的结构和撰写科研论文的要求。

（三）训练建议

（1）此项教学技能训练可结合教学提出研究课题，在教师的指导下由学生自己设计研究方案、搜集资料、统计分析、写出研究报告。

（2）结合教育实习中的教育调查或毕业论文进行训练。

第四部分　班主任工作技能训练

说　明

班主任工作技能训练是高等师范学校学生的教师职业技能训练的重要组成部分，掌握班主任工作技能是师范生成为合格的中学教师的必备条件之一。因此，加强师范生班主任工作技能训练，是高等师范学校教育教学工作不可缺少的内容。班主任工作技能训练是指"中学班级管理，对学生进行思想品德教育和组织指导学生进行课外活动等方面的技能训练"。它是以教育学、心理学等学科的基本理论为指导、理论与实践相结合的教学实践活动。

班主任工作技能主要包括：集体教育的技能、个体教育的技能、与任课教师和学生家长沟通的技能。在对学生进行技能训练的过程中，既要做到有组织、有计划、有措施，又要注意调动学生参加训练的主动性和积极性，使训练达到预期效果。

此项训练应有考核。考核可采取定性评价与综合考试相结合的方式。定性评价是指出学生在某项训练中的优缺点，以利于提高；综合考试则是根据训练的内容，对学生应掌握的技能进行全面测试，以检验训练的效果。为此，各校应将班主任工作技能进行分类，逐类加以训练。根据学生的实际状况和所应达到的要求，制订出考核标准。在训练的基础上，对学生进行考核，并将其成绩记入学习档案。

一、集体教育技能的训练

（一）训练目的

了解建设班集体的重要环节，掌握组建班集体的主要方法；了解在中学开展各种活动的形式和内容，并能实际组织各种活动；了解中学生日常行为规范的基本要求，掌握对其训练的一般方法。

（二）训练内容

1. 组建班集体的技能

（1）制订班级工作计划：学期计划、阶段计划、月计划、周计划和具体活动计划。每项计划包括：工作内容、时间安排、实施方案以及应该注意的问题等。

（2）确立班级奋斗目标：近期目标、中期目标和长期目标。

（3）选拔、培养和使用学生干部：学生干部选拔的基本方式是民主选举；培养的方法是在实际工作中指导；使用的方法是支持、鼓励、发挥特长。

（4）协调好正式群体与非正式群体的关系。

（5）培养优良班风：正确运用表扬、批评、奖励、惩罚等教育手段，形成正确的舆论导向，通过活动形成学生正确的是非观念和集体荣誉感，严格管理、严格要求，使学生养成良好的行为习惯，促进优良班风的形成。

（6）组织与指导班会和团队活动：第一，了解班会的类型：日常班会和主题班会；掌握组织与指导班会的基本步骤。第二，帮助团支部或少先队制订工作计划，指导他们开展好各项活动，协助团组织和少先队组织正确地进行组织发展工作。

2. 组织各种活动的技能

（1）组织和指导中学生参加课外活动：第一，课外活动的种类，主要有科技活动、文学艺术活动和体育活动。第二，课外活动的形式，可以分为全班性的集体活动、小组活动、个人活动。第三，课外活动的要求：坚持自愿的原则，鼓励和发挥学生的独立性与创造性，班主任应具有科技、音乐、美术、体育等某方面的基本知识和基本技能，如：对音乐、美术作品的鉴赏知识，识谱，合唱指挥，简单绘画（包括会写美术字，能够设计和画黑板报、墙报），某种体育项目比赛的裁判方法，队列训练的方法，科技小制作，等等。

（2）组织和指导中学生参加社会实践：第一，社会实践的主要形式：到工矿、农村、部队、学校进行社会考察，体验生活，参加劳动，军事训练，走访各类典型人物。第二，组织和指导社会实践的要求：必须具有明确的目的性和针对性；要掌握组织社会实践的方法：选择实践场所，联系有关单位。做好实践活动前的具体准备工作，在偶发事件发生的时候，能够妥善地进行处理。

（3）组织和指导中学生参加校内外其他集体活动：活动的内容主要是指日常思想教育活动和各种社会公益活动；组织这类活动，必须要根据学生的思想热点或带有倾向性的问题来确定活动的主题，并根据内容选好活动的形式，同时，引导学生积极参与，使活动的过程成为学生接受教育的过程。

3. 对学生进行日常行为规范训练的技能

（1）中学生日常行为规范的内容：自尊自爱，注重仪表，真诚友爱，遵规守纪，勤奋学习，勤劳俭朴，孝敬父母，遵守公德，严于律己。

（2）中学生日常行为规范训练的要求：既要有共性教育，又要针对不同学生的特点，采取不同的训练方法，因人施教；上述几种训练方法既可单独使用，又可综合使用。

(三) 训练建议

（1）组织师范生观看班主任工作的录像片，使他们对如何组建班集体和怎样开展集体教育，有一个基本的认识。

（2）向师范生推荐班主任工作方面的读物，并开展阅读、书评、演讲等教育活动。

（3）根据师范生的需要，开设科技、音乐、美术、体育等方面的知识讲座。

（4）就班集体建设中的某些问题走访、信访优秀班主任，或请他们来校讲课、座谈。

（5）在见习或实习期间，观摩1~2项中学班主任组织的活动，并且提出自己的活动设想，在实习中，将"组织活动"列入计划，并且评定成绩。

（6）根据目前中学生的思想热点，设计并模拟一次主题班会。

（7）在实习中，师范生参与班级行为规范训练计划的制订，并根据中学生存在的某些问题、制订教育实施方案。

二、个体教育技能的训练

（一）训练目的

了解学生个体思想和心理变化的特点，掌握对他们进行教育的几种主要方式。

（二）训练内容

1. 了解学生的技能

（1）观察学生：观察的形式可分为自然状态下观察和特定条件下观察两种；要根据观察的内容确定观察的形式；班主任对观察到的第一手资料，要随时记录下来，并将有价值的信息分门别类地建立学生情况卡片，定期进行整理分析，从中寻找带有普遍性和规律性的东西，使对学生的教育更具有针对性。

（2）与学生谈话：谈话的形式可分为正式和非正式谈话两种；谈话前要做好充分的准备；掌握谈话的方法；谈话后要对学生进行观察，检验谈话的效果；运用谈话法还可以与其他教育方法相结合。

（3）分析书面材料：包括学生填写的各种表格，学籍卡片、日记、周记、入团申请书，班主任的操行评定、班级日志、班级荣誉册等。分析方法：系统分析法或数理统计法。

（4）调查访问：具体形式有个别交谈、座谈会、书信往来、家访、请访问对象来校参加活动、问卷调查等。调查访问力求做到实事求是，全面深入，对所了解到的情况要进行认真、客观地分析和研究，排除人为的因素，以便对学生个体或群体做出公正、准确的判断与评价。

2. 心理咨询的技能

（1）了解中学生的生理和心理特点以及心理障碍产生的原因。

（2）掌握心理咨询的主要方法和技术。

（3）在对学生进行心理咨询的过程中，要与其他教育方法相结合。

3. 操行评定的技能

（1）操行评定的时间：一般可分为期末评定和毕业鉴定。

（2）操行评定的内容：期末评定和毕业鉴定力求全面地对学生德智体美劳几方面的状况做出公正的评价，并提出今后的努力方向，以激励学生发扬优点，克服缺点，争取更大的进步。

（3）操行评定的方法：学生自评、互评、小组鉴定、班主任评定。

4. 处理偶发事件的技能

（1）了解偶发事件的特点。

（2）掌握处理偶发事件的一般方法。

（三）训练建议

（1）开设青少年教育学、心理学知识讲座，为师范生从教打好理论基础。

（2）模拟训练：假设某学生的情况、特点，组织师范生对其进行模拟谈话、心理咨询和操行评定；假设一个偶发事件，请师范生对此提出处理方法。

（3）在实习中，选择几个不同类型的学生，作为谈话对象，实施谈话的准备、谈话的过程和谈话后的工作等环节。

（4）针对目前中学生存在的思想困惑和心理变化趋势，设计一份调查问卷，或实地调查，将收集到的信息作分析，并写出分析报告。

（5）在班级中，开展"一句话评语"的活动，即学生之间以一句格言或谚语的形式，互相评价、提醒、激励。通过这种活动，师范生能掌握这种评语的特点，并学会组织这种活动。

三、与任课教师、学生家长沟通技能的训练

（一）训练目的

了解班主任与任课教师、学生家长关系的基本特点和相互配合的教育意义；掌握与其沟通的几种主要方法，努力获得任课教师和家长对班主任工作的支持。

（二）训练内容

1. 与任课教师的沟通

（1）主动向任课教师介绍中班学生的基本状况，向学生介绍任课教师的教学情况。

（2）定期邀请任课教师座谈，交流学生的听课及学习情况，帮助任课教师解决问题；听取教师对班级工作的意见和建议。

（3）邀请任课教师参加班级活动，增加师生之间的相互了解和加深感情。

2. 与学生家长的沟通

（1）家访：明确家访的目的，制订好家访的计划，了解家长的个性特点，做好与家长谈话的各项准备工作；考虑可能出现的问题和家访后应做的工作。

（2）信访：第一，信访内容的设计。第二，信访的要求：用词准确诚恳；字迹认真工整；要体现出对家长的尊重和希望家长配合的态度。

（3）家长会：第一，规模：全体学生的家长会和部分学生的家长会。第二，形式：座谈会、汇报会、家长委员会。第三，时间：开学初、期中考试后、学期结束前。第四，家长会的准备工作：确定会议的主题、收集各种资料、预先通知家长、构思发言等。第五，家长会后的工作：针对学生的表现，及时与家长取得联系；激励和表扬学生的进步。

（三）训练建议

（1）在师范生之间开展模拟训练：假设某班学生的基本状况，以班主任的身份向任课教师做介绍；模拟家访。将两种模拟实况录像在学生中开展讲评活动。

（2）走访优秀班主任，请他们介绍与任课教师和家长沟通的经验、体会以及应注意的问题。

（3）在实习期间，如有条件，可参加中学班主任的家访，以取得家访的实际经验。

六、《义务教育历史课程标准（2011年版）》

本课程标准共分四大部分：

（一）前言

当今世界正在发生广泛而深刻的变化，当代中国正在发生广泛而深刻的变革。全面建设小康社会，加快推进社会主义现代化是时代赋予中国人民的崇高使命。培育具有社会主义核心价值观的公民，是时代发展和社会前进的需求，也是青少年自身成长和全面发展的需要。这对义务教育阶段历史课程的改革提出了新的要求。

历史教育对提高学生的人文素养有着重要的作用。义务教育阶段的历史课程，是在唯物史观的指导下，弘扬以爱国主义为核心的民族精神和以改革创新为核心的时代精神，传承人类文明的优秀传统，使学生了解和认识社会的发展历程，更好地认识当代中国和当今世界。学生通过历史课程的学习，初步学会从历史的角度观察和思考社会与人生，从历史中汲取智慧，逐步树立正确的世界观、人生观和价值观，提高综合素质，得到全面发展。

1. 课程性质

历史课程是人文社会科学中的一门基础课，对学生的全面发展和终身发展有着重要的意义。义务教育阶段7～9年级的历史课程在基础教育阶段占有重要的地位，主要具有以下特性：

（1）思想性。坚持用唯物史观阐释历史的发展与变化，使学生认同中华民族的优秀文化传统，增强爱国主义情感，坚定社会主义信念，拓展国际视野，逐步树立正确的世界观和人生观。

（2）人文性。以人类优秀的历史文化陶冶学生的心灵，帮助学生客观地认识历史，正确理解人与社会、人与自然的关系，提高人文素养，逐步形成正确的价值取向和积极向上的人生态度，适应社会发展的需要。

（3）综合性。注重人类历史不同领域发展的关联性，注重历史与现实的联系，使学生逐步学会综合运用所学知识和方法对历史和社会进行全面的认识。

2. 课程基本理念

（1）充分体现育人为本的教育理念，发挥历史学科的教育功能，以培养和提高学生的历史素养为宗旨，引导学生正确地考察人类历史的发展进程，逐步学会全面、客观地认识历史问题。

（2）以普及历史常识为基础，使学生掌握中外历史的基本知识，初步具备学习历史的基本方法和基本技能，促进学生的全面发展。

（3）将正确的价值判断融入对历史的叙述和评判中，使学生通过历史学习，增强对祖国和人类的责任感，逐步确立为中国特色社会主义事业、人类的和平与发展做贡献的人生理想。

（4）鼓励自主、合作、探究式学习，倡导教师教学方式和教学评价方式的创新，使全体学生都得到发展。

3. 课程设计思路

义务教育阶段历史课程的总体设计思路是：面向全体学生，从培养学生的历史素养和人文素养出发，遵循历史教育规律，充分发挥历史教育功能，使学生掌握中外历史基础知识，初步学会学习历史的方法，提高历史学习能力，逐步形成对历史的正确认识，并提高正确认识现实的能力，达到课程目标的要求。

（1）依据义务教育阶段历史课程的基本性质和特点，充分发挥历史课程的育人功能，从"知识与能力""过程与方法""情感·态度·价值观"三个方面进行课程设计。

（2）历史课程分为中国古代史、中国近代史、中国现代史、世界古代史、世界近代史、世界现代史六个学习板块。依照历史发展的时序，在每个板块内容设计上，采用"点—线"结合的呈现方式。"点"，是具体、生动的历史事实；"线"是历史发展的基本线索。学生通过"点"与"点"之间的联系来理解"线"，从而在掌握历史事实的基础上理解历史发展的过程。

（3）在学习内容的编制上，从学生的认知水平出发，精选最基本的史实，展现人类社会在政治、经济和文化等方面发展的基本进程，使学习内容更加贴近时代、贴近社会、贴近生活，有利于学生积极、主动的学习。此外，在突出义务教育阶段历史教学特点的基础上，注意与高中历史教学的衔接，为学生在高中阶段的历史学习打好基础。

（4）本标准对每个学习板块规定了课程内容，并提出了教学活动建议。课程内容是学生必须掌握的历史基础知识及必须经历的历史思维训练过程；教学活动建议旨在倡导多样的教学方式，促进学生更积极、主动地对历史进行感知、理解和探究，教师可在具体实施中酌情处理，因材施教。

（5）本标准设计的课程内容留有余地，以增强历史课程的开放性和弹性，一方面为教材编写留下一定的空间；另一方面也为各地区进行乡土历史的教学提供便利，各地区可根据实际情况开发课程资源。

（二）课程目标

通过义务教育阶段历史课程的教学，学生能够掌握中外历史的基本知识，初步掌握学习历史的基本方法和基本技能；对人类历史的延续与发展产生认知兴趣，感悟中华文明的历史价值和现实意义，养成爱国主义情感，开拓观察世界的视野，认识世界历史发展的总体趋势，初步形成正确的世界观、人生观和价值观，为成为拥有良好综合素质的合格公民奠定基础。

1．知识与能力

（1）知道重要的历史事件、历史人物及历史现象，知道人类文明的主要成果，初步掌握历史发展的基本线索。

（2）了解历史的时序，初步学会在具体的时空条件下对历史事物进行考察，从历史发展的进程中认识历史人物、历史事件的地位和作用。

（3）了解多种历史呈现方式，包括文献材料、图片、图表、实物、遗址、遗迹、影像、口述以及历史文学作品等，提高历史的阅读能力和观察能力，形成符合当时历史条件的一定的历史情景想象。

（4）初步学会从多种渠道获取历史信息，了解以历史材料为依据来解释历史的重要性；初步形成重证据的历史意识和处理历史信息的能力，逐步提高对历史的理解能力，初步学会分析和解决历史问题。

（5）学会用口头、书面等方式陈述历史，提高表达与交流的能力。

2．过程与方法

（1）通过多种途径感知历史，学会从当时的历史条件理解历史上的人和事，并经过分析、综合、概括、比较等思维过程，形成历史概念，进而认识历史发展的时代特征和历史发展的基本趋势。

（2）在学习历史的过程中，逐步学会运用时序与地域、原因与结果、动机与后果、延续与变迁、联系与综合等概念，对历史事实进行理解和判断。

（3）在了解历史事实的基础上，逐步学会发现问题、提出问题，初步理解历史问题的价值和意义，并尝试体验探究历史问题的过程，通过搜集资料、掌握证据和独立思考，初步学会对历史事物进行分析和评价，并在探究历史的过程中尝试反思历史，汲取历史的经验教训。

（4）逐步掌握学习历史的一些基本方法，包括计算历史年代的方法、阅读教科书及有关历史读物的方法、识别和运用历史地图和图表的方法、查找和收集历史信息的途径和方法、运用材料具体分析历史问题的方法等。

（5）初步掌握解释历史问题的方法，力求在表达自己的见解时能够言而有据，推论得当；学会与教师、同学共同对历史问题进行探究与讨论，能够积极汲取他人的正确见解，善于与他人合作，交流学习心得和经验。

3. 情感·态度·价值观

（1）从历史的角度认识中国的具体国情，认同中华民族的优秀文化传统，尊重和热爱祖国的历史和文化；认识在漫长的历史进程中，我国各族人民密切交往、相互依存、休戚与共，形成中华民族多元一体的格局，共同推动了国家发展和社会进步，增强民族自信心和自豪感。

（2）感悟近现代中国人民为救亡图存和实现中华民族伟大复兴而进行的英勇奋斗和艰苦探索，认识中国共产党在中国革命、建设和改革事业中的决定作用，树立中国特色社会主义理想信念；继承和弘扬以爱国主义为核心的民族精神，认识到国家统一、民族团结和社会稳定是中国强盛的重要保证，初步形成对国家、民族的认同感，增强历史责任感。

（3）了解人类社会历史发展的基本趋势及人类文化的多样性，理解和尊重世界各国、各民族的文化传统，学习汲取人类创造的优秀文明成果；认识和平与发展是当今时代的主题，逐步形成面向世界的视野和意识。

（4）认识人类历史上物质文明、精神文明发展的重要性，理解历史上的革命与改革在不同程度上促进了社会的进步，认识从专制到民主、由人治到法治是历史发展的必然趋势，不断发展社会主义民主与加强社会主义法制意识。

（5）认识科学技术的发展对人类历史进步的推动作用，逐步形成尊重科学、崇尚科学的意识，树立求真、求实和创新的科学态度；从历史的演变中认识合理开发和利用资源、生态环境保护的重要性，初步形成可持续发展的观念。

（6）认识人民群众创造历史的作用以及杰出人物在历史上的重要贡献，吸取前人的经验和智慧，初步理解个人与群体、个人与社会的关系，提高对是与非、善与恶、美与丑的识别判断力，逐步确立积极进取的人生态度，形成健全的人格和健康的个性品质。

（三）课程内容

1. 中国古代史

一百多万年前，中华大地上就有人类活动。考古学发现的旧石器时代遗址为研究中国古人类提供了可靠的依据。

中华文明诞生于考古学上的新石器时代。中国是世界上原始农业产生最早的地区之一。

大约在公元前21世纪，中国历史上第一个王朝——夏朝建立。迄今发现有文字记载的历史从商朝开始。商朝的青铜冶炼技术和甲骨文代表了早期中华文明的辉煌成就。西周取代商朝后分封诸侯，对疆域的控制更加稳固。

东周分为春秋、战国两个阶段。春秋时期，王室衰微，诸侯争霸，分封制度渐趋瓦解。战国时期，铁农具和牛耕的推广，促进了农业发展。各诸侯国的变法推动了社会进步，思想文化出现了"百家争鸣"的繁荣局面。

秦始皇建立了中国历史上第一个统一王朝，创立了专制主义中央集权的国家体制。秦朝因暴政短命而亡，但它的一些制度对以后历代王朝具有深远影响。继起的西汉王朝在汉武帝时国力达到鼎盛，是当时世界上的大国。东汉的版图大致与西汉相当，但政局较为混乱。三国两晋南北朝的绝大部分时间都处于分裂割据状态。北方少数民族大量内迁，推动了民族交往、交流、交融。此时，农业技术不断进步，中医学已形成系统的理论和独特的治疗方法，天文学、数学也都取得了重要成就。

隋朝的建立结束了数百年的政权分立状态，它创建的科举制度逐渐成为后世选拔官员的主要途径。唐初统治者改良政治，发展生产，形成"贞观之治"的局面。到开元年间，唐朝经济繁荣，社会稳定，文化发达，中外交流活跃，国力达到顶峰。此后爆发的"安史之乱"结束了这种盛世景象。

北宋的建立，结束了五代十国的分裂局面。与此同时，周边民族的相继崛起又在更大范围内形成民族政权并立的格局。宋朝实行重文轻武的政策，利弊兼得。女真族建立的金朝，先后灭亡了辽和北宋。占据江南的南宋与金朝形成南北对峙。两宋时期，社会经济蓬勃发展，城市和国内外贸易空前繁荣，四大发明技术的成熟对人类文明的进步具有重大意义。

蒙古族建立的元朝结束了中国境内长期割裂的局面，重建了大一统国家，对西藏实施行政管辖，版图超出汉、唐，并为东西方的交流创造了条件。

明朝大力加强君主专制，一度出现强盛局面。郑和下西洋成为中国乃至世界航海史上的壮举。但明朝政治上的僵化和腐败，东南沿海倭寇的骚扰，导致统治危机不断加深。明朝最终在农民大起义和东北满族进逼的双重夹击下崩溃。

清朝入关后，经过一百多年的励精图治，建立了庞大的多民族统一国家，奠定了现代中国版图的基础。面对世界形势的剧变，清朝君臣仍固守旧有的对内对外政策，古老的中国已落后于世界发展潮流。吏治腐败加剧了社会矛盾，人口增长使人均可耕地面积下降。从18世纪末到19世纪前期，内部民众起事不断，外部资本主义列强虎视眈眈，清朝已经走向衰亡的边缘。中国封建社会到1840年鸦片战争爆发后逐步解体。

中华文明源远流长，绵延不断，成就辉煌，对人类进步做出了伟大贡献。

通过学习，学生知道中国古代的一些重要历史人物、历史事件和历史现象，了解中国古代历史发展的基本线索；能够识读历史图表，正确地计算历史年代，较为清晰地叙述相关的史事，初步掌握学习历史的基本方法，能够阅读普及性的历史读物；不断增强学习祖国历史的兴趣，激发民族自豪感，树立民族自信心和自尊心，加深对祖国历史文化的认同感，见表1.1。

表 1.1 中国古代史教学内容

课程内容	教学活动建议
1. 史前时期 • 知道北京人的特征，了解北京人发现的意义。知道化石是研究人类起源的主要证据。 • 了解半坡居民、河姆渡居民的生活和原始农业的产生。知道考古发现是了解史前社会历史的重要依据。 • 知道炎帝、黄帝的传说故事，了解传说与神话中的历史信息。	• 有条件的地方，可以参观我国境内的古人类遗址。 • 根据教学用图，想象原始人的一天是怎样度过的。
2. 夏商周时期 • 知道夏朝的建立标志着国家的产生，知道夏、商、周三代的更替，了解西周的分封制及其作用。 • 了解青铜工艺的成就，知道甲骨文是已知最早的汉字。 • 知道春秋战国时期诸侯国之间的战争，了解这一时期的社会变化。 • 通过商鞅变法，认识改革使秦国逐渐强大起来。 • 通过都江堰工程感受中国古代人民的智慧和创造力。 • 知道老子和孔子，初步理解"百家争鸣"对后世的深远影响。	 • 搜集青铜器的图片，说说我国古代青铜工艺的成就。 • 收集《论语》中的一些名言，说一说其中的含义。
3. 秦汉时期 • 知道秦始皇和秦统一中国，了解秦代的中央集权制度和统一措施对中国历史发展的影响。 • 知道秦的暴政和陈胜、吴广起义，知道秦朝的灭亡和西汉的建立。 • 了解"文景之治"，知道汉武帝巩固"大一统"王朝。 • 通过"丝绸之路"的开通，了解丝绸之路在中外交流中的作用。 • 了解东汉的建立，知道东汉外戚、宦官专权造成的社会动荡；知道佛教的传入和道教的产生。 • 知道司马迁和《史记》；知道造纸术的发明对传播文化的作用；讲述张仲景和华佗的故事。	• 观察秦疆域图，建立时空概念。 • 搜集秦陵兵马俑的图片，举办主题展览。 • 观察丝绸之路的路线图、图片和绘画，诵读相关诗作，想象商旅的艰辛。 • 了解中国古代纪年的主要方法，学习识读历史年表的基本技能。 • 搜集具体事例，体会中医对我们日常生活的广泛影响。

续表 1.1

课程内容	教学活动建议
4. 三国两晋南北朝时期 • 知道赤壁之战和三国鼎立局面的形成。 • 知道两晋南北朝的更替，初步了解人口的南迁和江南地区的开发。通过北魏孝文帝改革，初步理解民族交往、交流、交融对中华民族发展的意义。 • 知道祖冲之的数学成就，初步认识书法艺术。了解北方农业技术的成熟和农历。 5. 隋唐时期 • 知道隋朝的统一，了解科举取士制度的创建和大运河的开通；知道隋朝灭亡的原因。 • 知道唐太宗和"贞观之治"，知道唐玄宗和"开元盛世"，初步认识唐朝兴盛的原因。 • 以文成公主入藏、鉴真东渡、玄奘西行等史实为例，说明唐代民族和睦与中外文化交流的发展。 • 通过经济繁荣、开放的社会风气和唐诗的盛行，了解盛唐的社会气象。 • 知道"安史之乱"导致唐朝由盛转衰；知道唐朝灭亡后五代十国的局面。 6. 宋元时期 • 知道北宋的建立，了解宋朝重文轻武的特点。 • 知道辽、西夏与北宋的对峙局面，了解女真族的崛起，知道金灭辽及北宋，知道岳飞抗金的事迹和南宋偏安。 • 知道宋代南方经济的发展，理解中国古代经济重心的南移。 • 知道成吉思汗的崛起以及蒙古军灭亡夏、金和南宋，知道元朝的统一。 • 通过宣政院管辖西藏，知道西藏在元代正式纳入中国版图。 • 知道宋元时期商业贸易的繁荣；了解宋元时期的都市生活和宋词、元曲的流行。 • 通过活字印刷术的发明以及指南针、火药的应用和外传，认识四大发明对世界文明发展的贡献。	• 阅读《三国演义》的片段，讲述史实与《三国演义》描述的区别。 • 搜集南北朝时期民族交往、交流、交融的资料，编写一期板报。 • 搜集古代名家书法，欣赏书法艺术。 • 设计表格，列出秦始皇、汉武帝与唐太宗的历史功过。 • 从文物图片和唐诗中感受唐朝的社会风尚。 • 举办故事会，讲述岳飞抗金、文天祥抗元等历史故事。 • 阅读元朝疆域图，观察西藏在该图中的位置。 • 欣赏《清明上河图》，说一说宋代城市生活中的衣、食、住、行和风俗习惯。 • 分小组搜集中国古代四大发明的资料，出一期板报。

续表 1.1

课程内容	教学活动建议
7. 明清时期（至鸦片战争前） • 知道明朝的建立。通过皇权的强化和"八股取士"，初步理解皇帝专权的弊端。 • 了解郑和下西洋的航海壮举；知道戚继光的抗倭斗争。 • 通过明长城和北京城的建筑，体会中国古代人民的智慧和创造力。 • 知道《本草纲目》《天工开物》《农政全书》等名著，了解明代科技的成就及影响。 • 了解李自成起义推翻明朝；知道满族入主中原。 • 了解郑成功收复台湾和清朝在台湾的建制；知道册封达赖和班禅与设置驻藏大臣； • 知道西北边疆的巩固。认识台湾、西藏、新疆是中国不可分割的一部分。 • 通过清朝经济发展和人口增长的史实，了解清朝前期的兴盛。 • 通过军机处的设置与文化专制措施，认识君主专制在清代的极端强化。 • 以《红楼梦》和京剧为例，了解清代文学艺术的成就和特色。 • 通过清代中期以来的腐败现象和闭关锁国政策，了解中国开始落后于世界发展潮流。	• 绘制郑和下西洋的航行路线简图，讨论郑和下西洋的意义。 • 通过填图，了解清代疆域的四至。搜集和编写康熙维护国家统一的事迹，用史实说明巩固统一多民族国家的重要意义。 • 有条件的地方，欣赏戏剧、曲艺表演艺术。 • 编创中国古代主要朝代顺序表。

2. 中国近代史

中国近代史始自 1840 年中英鸦片战争爆发，止于 1949 年中华人民共和国建立，历经清王朝晚期和中华民国时期。中国近代史是中国半殖民地半封建社会逐渐形成到瓦解的历史，也是中华民族对外反抗帝国主义侵略，对内反对封建专制统治，为求得民族独立和人民解放，努力实现国家富强和人民富裕而奋斗的历史。

19 世纪中期，英、法等西方列强接连发动了侵略中国的战争，中国的主权独立和领土完整不断遭到破坏，西方列强与中华民族的矛盾激化。19 世纪 70 年代以后，列强对华侵略加剧，中华民族危机日益深重。中国人民为反抗列强侵略，争取民族独立，进行着英勇的斗争，开始了救亡图存的探索。太平天国起义沉重打击了清王朝统治和外国侵略势力。提倡"自强""求富"的洋务运动，客观上刺激了中国资本主义的产生和发展。资产阶级维新派为了挽救民族危亡，进行了维新变法运动。义和团运动是中国人民郁积多年反抗列强侵略义愤的总爆发，其英勇斗争客观上打乱了列强企图瓜分中国的步骤。

辛亥革命推翻了清王朝的统治，结束了在中国延续几千年的君主专制制度，建立了中华民国，开创了完全意义上的近代民族民主革命。新文化运动冲击了旧的思想、道德和文化，开启了思想解放的闸门。中国人民在艰苦的环境中，不断进行着经济、政治和思想文化的变革。

1919年爆发的五四爱国运动，标志着中国旧民主主义革命的结束和新民主主义革命的开始。马克思主义在中国先进分子中广泛传播，1921年中国共产党成立，中国革命的面貌从此焕然一新。第一次国共合作推动了国民革命运动的高涨。国共合作破裂后，中国共产党为反抗国民党的反动统治，进行土地武装革命，在农村建立根据地，探索中国革命的新道路。

1931年日本帝国主义发动九一八事变，中华民族面临严重的民族危机，全国抗日救亡运动不断高涨。1937年日本帝国主义发动七七事变，以国共两党第二次合作为基础的中华民族全国性抗战从此开始。中国共产党在抗战中发挥着中流砥柱的作用。中国人民经过浴血奋战，终于第一次取得了近代以来反抗外敌入侵的完全胜利。

抗日战争胜利后，中国面临着两种命运、两个前途的决战。中国共产党为争取和平民主作出了很大努力，但是国民党坚持独裁统治，悍然发动内战。中国共产党领导人民进行了三年多的解放战争，推翻了国民党的统治，取得了新民主主义革命的伟大胜利。

通过学习，学生应了解中国近代重要的历史人物、历史事件和历史现象，了解中国近代历史发展的基本线索；能够阅读和理解一些基本的历史材料；能够认识近代中国遭受过的深重苦难是国内专制统治的腐朽黑暗和外国列强入侵造成的；认识捍卫国家主权和民族尊严是中华民族的优良传统；知道救亡图存和实现现代化是近代中国人民奋斗的基本目标；知道民族民主革命的艰巨性；知道没有中国共产党就没有新中国的道理，从而坚定为中华民族复兴而奋斗的信念，见表1.2。

表1.2 中国近代史教学内容

课程内容	教学活动建议
• 讲述林则徐虎门销烟的故事；列举中英《南京条约》的主要内容，认识鸦片战争对中国近代社会的影响。	• 有条件的地区，可以观看《林则徐》等影片，感受中国人民反抗侵略的斗争精神。
• 知道洪秀全，了解太平天国运动的兴衰。	
• 简述第二次鸦片战争期间英法联军火烧圆明园、俄国通过不平等条约割占中国北方大片领土的侵略史实。	
• 了解洋务派为"自强""求富"而创办的主要军事工业和民用工业，初步认识洋务运动的作用和局限性。	• 采取小组合作方式，收集洋务运动的有关资料，谈谈对洋务运动的看法。

续表 1.2

课程内容	教学活动建议
• 知道甲午中日战争的主要战役；列举《马关条约》的主要内容，说明《马关条约》与中国民族危机加剧的关系。 • 知道康有为、梁启超等维新派代表，了解"百日维新"的主要史实。 • 以张謇兴办实业为例，初步认识近代中国民族工业的曲折发展。 • 知道义和团运动和抗击八国联军侵华的史实；结合《辛丑条约》的主要内容，分析《辛丑条约》对中国民族危机全面加深的影响。 • 以京师大学堂的开办和科举制度的废除为例，了解近代新式教育发展的主要史实；以《申报》、商务印书馆等为例，了解近代新闻出版事业的发展。 • 了解孙中山早年的革命活动，知道孙中山是中国民主革命的先行者；了解武昌起义和中华民国成立的史实，认识辛亥革命的历史意义。 • 知道袁世凯独裁统治和复辟帝制的史实，了解北洋军阀混战的黑暗局面。 • 知道陈独秀、胡适等新文化运动的代表人物，了解新文化运动在中国近代思想解放运动中的地位和作用。 • 了解民国以来剪发辫、易服饰等社会习俗方面的变化。 • 知道五四爱国运动的基本史实，认识五四运动是中国新民主主义革命的开端。 • 了解李大钊传播马克思主义的史实；了解中国共产党第一次全国代表大会召开的史实，认识中国共产党成立的历史意义。 • 知道南昌起义，讲述毛泽东、朱德在井冈山会师的故事，认识中国共产党创建工农红军和农村革命根据地的意义。	• 制作表格，分类整理《南京条约》《马关条约》和《辛丑条约》的有关内容，填入表格，了解中国逐步沦为半殖民地半封建社会的基本线索。 • 收集有关孙中山的事迹，举办关于孙中山的故事会。 • 通过访问、调查、参观等多种途径获得对近代社会生活的感性认识。 • 观看《开天辟地》《建党伟业》等影片，了解中国共产党成立的历史背景。

续表 1.2

课程内容	教学活动建议
• 讲述中国工农红军长征的故事，体会红军的革命英雄主义精神；知道遵义会议，认识其在中国革命史上的地位。 • 知道"九一八"事变，了解中国局部抗战的开始；知道西安事变，理解和平解决西安事变的意义。 • 简述"七七"事变的史实，认识国共第二次合作的实现和全民族抗战的意义。 • 以侵华日军南京大屠杀等罪行为例，认识日本军国主义凶恶残暴的侵略本质。 • 列举正面战场和敌后战场的抗日史实，体会中国军民在抗日战争中英勇顽强、不怕牺牲的精神。 • 知道中国共产党第七次全国代表大会的主要内容；了解日本投降的史实；探讨抗日战争胜利的原因及历史意义。 • 知道重庆谈判，理解中国共产党为争取和平民主作出的努力。 • 认识国民党实行独裁，发动内战的本质。 • 了解中共中央转战陕北和刘邓大军挺进大别山的史实，知道辽沈、淮海、平津三大战役和南京解放。 • 知道解放区的土地改革；简析国民党南京政权覆亡和人民解放战争迅速胜利的主要原因。 • 知道鲁迅、茅盾、齐白石、徐悲鸿、聂耳、冼星海等人的成就。	• 利用有关资料，在地图上标出中国工农红军长征的路线。 • 有条件的地区，可以考察抗日战争的历史遗址、遗迹，或访问亲历抗战的老人，采访日军侵华罪行的受害者或见证人。 • 举办故事会，讲述八路军、新四军坚持抗战的故事，理解中国共产党在抗日战争中的中流砥柱作用。 • 举办抗战歌曲演唱会。 • 观看《大决战》等影片，感受人民解放战争波澜壮阔的历史场景。 • 有条件的地区，可以参观著名文化代表人物的纪念馆或故居。

3. 中国现代史

中国现代史是中国共产党领导全国各族人民进行社会主义革命和建设的历史，也是为国家富强和人民幸福而不懈努力的历史。1949 年中华人民共和国的成立是中国现代史的开端。

新中国成立初期，中国共产党领导开展土地改革运动、镇压反革命运动和进行抗美援朝战争，巩固了人民民主专政的国家政权，恢复了遭受多年战乱破坏的国民经济。

从 1953 年开始，中国共产党有计划地实行社会主义工业化，并对个体农业、手工业和资本主义工商业进行社会主义改造。1956 年，社会主义基本制度得到确立，中国进入社会主义初级阶段。此后，在探索社会主义建设道路的过程中，取得了经济文化建设等重大成就。但是，也发生了"大跃进"的严重失误和"文化大革命"的内乱。

1978 年，中国共产党十一届三中全会实现了历史性伟大转折，中国进入改革开放和社会主义现代化建设的新时期。中国共产党开辟了中国特色社会主义道路，创立了中国特色社会主义理论体系。

新中国成立以来，特别是改革开放以来，经济建设、政治建设、文化建设、社会建设、生态文明建设，以及国防和军队建设、祖国统一大业、对外交往等都取得了巨大成就，综合国力大幅度增强，人民生活水平显著提高。

通过学习，学生应了解中国现代史的重要历史人物、历史事件、历史现象和历史发展的基本线索；能够阅读并分析重要的历史文献资料，学会社会调查的基本方法，能够运用所学知识分析和解释历史问题，客观地论证历史事物；知道中国社会主义初级阶段的基本国情，认识社会主义现代化建设是一个曲折漫长的过程，能从社会的不断进步和发展中体会到必须坚持中国共产党的领导，坚定建设中国特色社会主义的信念，见表 1.3。

表 1.3 中国现代史教学内容

课程内容	教学活动建议
• 讲述开国大典，认识新中国成立的意义。 • 认识抗美援朝、保家卫国的正义性；了解土地改革运动。 • 了解"一五计划"和"三大改造"，知道中国 1956 年进入社会主义初级阶段。 • 了解人民代表大会制度和政治协商会议制度，知道中国特色社会主义的民主政治。 • 通过民族区域自治制度，认识各民族共同团结奋斗、共同繁荣发展的重要意义。 • 知道"大跃进"和人民公社化运动的失误，了解这一时期以王进喜、雷锋、邓稼先、焦裕禄等为代表的广大干部群众艰苦奋斗的精神。 • 了解"文化大革命"的严重危害及主要教训。	• 组织观看《开国大典》《建国大业》等影片，体会"中国人从此站立起来了"的深刻内涵。 • 学唱《我的祖国》《英雄赞歌》等歌曲，学习志愿军将士的爱国主义和革命英雄主义精神。 • 结合最近召开的一次"两会"，谈谈"两会"的作用。 • 谈谈自己所了解的国内其他民族的风土人情和生活习惯。

续表 1.3

课程内容	教学活动建议
• 了解中国共产党十一届三中全会、农村改革和深圳特区的发展,认识邓小平对改革开放所起的重要作用。	• 开展社会调查,了解改革开放前后家乡的变化。
• 了解社会主义市场经济体制的建立与完善,认识改革对于中国发展的重大意义。	
• 了解"两弹一星"和杂交水稻等,认识科学技术的重要作用。	
• 了解中国恢复在联合国合法席位和中美建交等史实,知道中国独立自主的和平外交政策。	
• 了解香港、澳门回归和海峡两岸关系改善的史实,认识祖国统一是历史的必然趋势。	• 通过近期中国的一次重大外交行动,认识中国国际地位的提高。
• 通过新中国成立60周年庆典阅兵仪式上展出的武器装备,了解国防和军队建设的成就。	• 举办有关台湾问题的专题讲座。
• 从衣、食、住、行、用等方面的变化,了解经济的快速发展和人民生活水平的提高。	• 查找国庆阅兵的资料,看中国军事装备的进步。
• 中国共产党第十六次代表大会以来我国取得的新成就,以2008年北京奥运会为例加以说明。	• 谈谈自己家庭生活的变化。
• 认识中国特色社会主义理论体系的重要性;认识中国坚持科学发展、实现社会和谐的重要性。	• 结合身边的事例,讨论中国实现可持续发展的重要性。

4. 世界古代史

世界古代史从早期人类的出现,到公元15世纪末期,其间大体经历了原始社会、奴隶社会和封建社会,但有一些民族、国家未经过奴隶社会、封建社会的连续发展过程。

文明出现以前,人类经历了漫长的史前时期。随着生产力的发展,阶级分化的加剧,国家产生了。大约从公元前4000年代起,北非的尼罗河流域、西亚的两河流域、南亚的印度河流域、中国的黄河流域和长江流域、欧洲的爱琴海地区,诞生了多姿多彩的古代文明。

公元前800年以后,希腊各地建立了城邦国家。罗马则在公元前1世纪后建立了一个地跨欧、亚、非三洲的大帝国。希腊罗马古典文明对后来的西方文明有很大的影响。

公元 5 世纪以后，随着古典文明的衰落和日耳曼民族的迁徙，在罗马帝国的废墟上形成了法兰克王国等新国家。法兰克王国信奉基督教，并发展出以庄园为基础的封建制度。罗马帝国分裂后，在东部建立了拜占庭帝国。拜占庭文化对东欧各国的文化产生过重大影响，并为西方文化的复兴提供了许多素材。从 14 世纪起，西欧各国在政治、经济和文化方面萌发了新的生机，近代西方文明的曙光开始浮现。

公元 7 世纪，日本通过向中国学习和一系列改革，使社会政治经济获得发展。7 世纪初，穆罕默德创立了伊斯兰教，在传教和征战过程中统一了阿拉伯半岛，建立政教合一的政权，8 世纪发展为地跨欧、亚、非三大洲的阿拉伯帝国。阿拉伯—伊斯兰文化有自己的特色，并在保存、传播古典文明，沟通东西方文化方面做出了重要贡献。

在古代世界相对孤立闭塞的状况下，随着经济、政治的发展，在欧洲、亚洲和非洲的国家与国家之间，地区与地区之间，逐渐出现较多的交往，既有战争的暴力形式，也有商旅往来、文化交流的和平形式，而后者对推动人类文明进步起着更为重要的作用。正是由于这些交往，儒家文化、印度文化、希腊罗马的古典文化、阿拉伯—伊斯兰文化都在向外扩散，而佛教、基督教、伊斯兰教更成为古代世界的三大宗教。世界历史的发展是不平衡的，这种不平衡在古代尤为突出。

通过学习世界古代史，学生应知道主要国家和地区重要的历史人物、历史事件和历史现象，了解世界古代史发展的基本线索；辩证地看待人类社会不断发展和进步的总体趋势，感悟人类文化的多元性、共容性和发展的不平衡性，认识到世界各地区、各民族共同推动了人类文明的进步，他们创造的文明成就就是人类的共同财富；树立民族自信心，同时初步树立起正确的国际意识，培养理解、尊敬、吸收其他民族文化精华的开放心态，见表 1.4。

表 1.4 世界古代史教学内容

课程内容	教学活动建议
• 知道金字塔，初步了解古埃及文明。 • 通过《汉谟拉比法典》，初步了解古代两河流域文明。 • 通过种姓制度和佛教的创立，初步了解古代的印度社会。 • 知道希腊城邦和雅典民主，初步了解亚历山大帝国对东西方文化交流的作用。 • 知道罗马城邦，了解罗马帝国的征服与扩张。 • 以建筑艺术、公历等为例，初步认识希腊罗马古典文化的成就。	• 在世界历史地图上标出包括中国在内的世界古代主要文明中心的地理位置。

续表 1.4

课程内容	教学活动建议
• 以法兰克王国为例，初步理解在罗马帝国的废墟上逐渐产生新的文明。 • 知道基督教的传播，了解基督教在欧洲中世纪历史发展中的作用。 • 了解西欧庄园生活，知道庄园是西欧中世纪社会的基础。 • 知道西欧中世纪的城市既是工商业者的聚集地，也是一个相对自治的共同体。 • 以巴黎大学、牛津大学的兴起为例，初步认识欧洲的早期大学。 • 知道《查士丁尼法典》，初步了解拜占庭帝国的历史地位。 • 知道大化改新，初步了解日本古代社会。 • 了解伊斯兰教的传播，初步认识阿拉伯帝国在文化上的贡献。	• 绘制一幅欧洲中世纪庄园平面图，了解庄园布局和农民日常生活。 • 列举世界古代史上地跨欧洲、亚洲和非洲的大帝国。

5. 世界近代史

世界近代史的起讫时间大约是从 16 世纪初至 19 世纪末。在这一历史阶段中，世界各地区前资本主义文明的相对孤立和相互隔绝状态，被日益发展的资本主义世界市场和血腥的殖民扩张所打破，人类逐渐步入相互联系、相互依赖的阶段，进而产生了真正意义上的世界历史。

从 14 世纪到 17 世纪，地中海和大西洋沿岸地区出现了资本主义手工工场和租地农场，而文艺复兴运动、新航路的开辟和早期的殖民掠夺，则促进了资本主义经济的发展。

从 17 世纪到 19 世纪，资产阶级通过革命或改革，相继在欧美主要国家和亚洲的日本取得了政权，资本主义制度得以确立。在此期间，以牛顿、达尔文等为代表的科学巨匠的产生，极大地丰富了人类的自然科学知识，为工业革命和其他科技创新提供了重要前提。从 18 世纪中叶开始，主要资本主义国家先后开始或完成的工业革命，使生产力获得迅猛发展，社会面貌发生翻天覆地的变化，文学艺术空前繁荣。另一方面，工业化在带来经济大发展的同时，对人类生存环境的破坏问题已经显现。到 19 世纪末，随着拥有先进技术的欧美人对大洋洲和太平洋岛的殖民，世界完全联系成一个整体，以西方资本主义国家为核心和主宰地位的世界市场不断扩大，初步形成西方先进、东方落后的局面。

资本的残酷剥削和列强疯狂的殖民扩张，使资产阶级和无产阶级的阶级矛盾、资本主义列强与殖民地、半殖民地国家的民族矛盾空前激化，工人运动、社会主义运动和民族解放运动蓬勃发展。19世纪中叶马克思主义的诞生为国际共产主义运动指明了方向。

通过学习，学生应了解世界近代史上重要的历史人物、历史事件、历史现象和历史发展的基本线索，并理解世界逐渐形成一个整体；初步学会对同类的历史事物进行比较、概括和综合；理解和分析资本主义发展的历史进步性和局限性，以及其野蛮性和扩张性；认识马克思主义诞生的重大历史意义，理解殖民地半殖民地人民反抗资本主义侵略扩张斗争的正义性与合理性，初步形成崇尚科学精神的意识、历史进步意识、历史正义感和以人为本的价值观，见表1.5。

表1.5 世界近代史教学内容

课程内容	教学活动建议
• 知道《神曲》、莎士比亚的戏剧等，初步理解文艺复兴对人的思想解放的意义。	• 以"文艺复兴不是复古而是创新"为题，分小组讨论。
• 从手工工场和租地农场的产生，初步理解近代早期西欧社会经济的重要变化。	
• 通过哥伦布发现美洲、麦哲伦环球航行，初步理解新航路开辟的世界影响。	• 绘制哥伦布开辟西欧至北美新航路的示意图，提高绘制历史简图的基本技能。
• 知道"三角贸易"，了解资本原始积累的野蛮性和残酷性。	
• 通过1640年革命和其后的"光荣革命"，初步理解英国君主立宪制确立的历史意义。	
• 通过华盛顿、《独立宣言》和1787年宪法，理解美国革命对美国历史发展的影响。	
• 通过法国大革命和拿破仑帝国的活动，初步理解法国革命的历史意义。	
• 通过珍妮机、蒸汽机、铁路和现代工厂制度等的出现，初步理解工业化时代来临的历史意义。	• 画一幅反映工业革命中动力演进的图示，说说蒸汽机在工厂制产生中的作用。
• 了解马克思、恩格斯的革命活动和《共产党宣言》的发表，理解马克思主义诞生的历史意义。	• 学唱《国际歌》，知道《国际歌》的创作与流传。
• 知道玻利瓦尔领导的反殖斗争、印度民族大起义等史实，理解殖民地人民反抗斗争的正义性和艰巨性。	

表 1.5

课程内容	教学活动建议
• 知道彼得一世改革、亚历山大二世废除农奴制法令,理解改革促进了俄国历史的进步。 • 知道《解放黑人奴隶宣言》的主要内容,理解南北战争在美国历史发展中的作用。 • 知道明治维新的主要政策,理解明治维新在日本历史发展中的作用。 • 通过电的利用,内燃机与汽车、飞机的诞生等史实,了解第二次工业革命,理解工业革命带来的社会进步和社会问题。 • 通过牛顿、达尔文、巴尔扎克和贝多芬等人的成就,了解科学和文化在近代社会发展中的重要作用。	• 学习运用比较的方法,列出中国戊戌变法与日本明治维新的异同。 • 分小组讨论科学技术的发展对社会进步的作用,以及对人类生存环境的影响。 • 举办"我最崇拜的科学家"主题故事会,树立为科学献身的理想和抱负。 • 通过图片展示,从历史视角欣赏近代名画,提高对艺术的鉴赏能力。

6. 世界现代史

世界现代史主要叙述的是 20 世纪初以来世界历史发展的基本进程。进入 20 世纪以来,世界日益成为一个密不可分的整体,构成世界各国既相互依存又相互竞争的复杂局面,完整意义上的世界历史终于形成。

20 世纪上半期,发生了两次世界大战。第一次世界大战期间爆发的俄国十月革命,在世界上建立了第一个社会主义国家,将社会主义的理想变成了现实。一战结束后,战胜国对战后世界的安排,为第二次世界大战埋下了祸根。资本主义在经历了短暂的和平与繁荣之后,于 1929 年爆发了空前的经济大危机。在应对危机的过程中,美国实行了以国家调控经济为主要内容的罗斯福"新政",德、意、日等国家则力图以对外扩张寻求出路,并最终发动了第二次世界大战。战争以法西斯国家的彻底失败而告结束。

第二次世界大战后,社会主义从一国发展到多国,开创了世界历史的新局面。人类维护世界和平的意识和能力大大提高。尽管二战结束后不久便进入"冷战"时期,但是世界在整体上保持了和平状态。在这种和平环境中,现代资本主义国家通过一系列自我调节措施,经济在高科技的推动下迅速发展,社会生活发生了巨大变化。苏联和其他社会主义国家的建设也在改革中曲折前进。东欧剧变和苏联解体,只是社会主义一种已经僵化的模式的失败,并非整个社会主义制度的失败。世界殖民体系在民族民主运动的冲击下最终全面崩溃,这是人类历史的巨大进步。独立后的民族国家在维护国家主权、振兴民族经济、促进社会发展和改变旧的、不合理的国际政治经济秩序方面进行着不懈的努力。

持续近半个世纪的"冷战",以苏联解体为标志而结束。当今世界正处在大变革大调整之中。世界多极化和经济全球化的趋势在曲折中发展,和平与发展仍然是时代的主题,成为世界人民的共同追求。联合国在捍卫世界和平、发展全球经济中发挥着重要作用。中国作为联合国安理会常任理事国,积极参加联合国的活动。

人类在享受高科技带来的丰富多彩的、多元文化的现代社会生活的同时,也面临着各种日益严重的全球性问题。这些问题只有通过国际合作才能得到克服和解决。

通过学习,学生应了解世界现代史上重要的历史人物、历史事件、历史现象,了解世界现代历史发展的基本进程和总趋势;了解当代世界已经形成一个息息相关的、多样性的整体,中国的前途命运日益紧密地同世界的前途命运联系在一起;能够运用材料对历史进行论证,以实事求是的态度分析历史与现实问题;增强国际意识,以开放的心态和开阔的视野看待世界,吸纳人类共同创造的文明成果;树立热爱和平的观念和忧患意识,增强社会责任感和历史使命感,立志为促进人类进步事业奉献自己的力量,见表1.6。

表1.6 世界现代史教学内容

课程内容	教学活动建议
• 知道"三国同盟"和"三国协约"、萨拉热窝事件、凡尔登战役等;分析第一次世界大战爆发的原因,了解世界大战给人类社会带来的巨大灾难。 • 通过彼得格勒武装起义的胜利,理解列宁领导的世界上第一个社会主义国家诞生的重要历史意义。 • 了解《凡尔赛条约》《九国公约》的基本内容,知道战胜国建立了战后世界的新秩序。 • 从新经济政策、社会主义工业化和农业集体化,了解苏联社会主义建设的成就和主要问题。 • 知道甘地领导的印度非暴力不合作运动和凯末尔领导的土耳其革命,了解印度和土耳其人民争取民族独立斗争的不同特点。 • 知道经济大危机,了解罗斯福"新政",理解国家干预政策对西方经济发展的影响。 • 了解日本对中国的侵略、纳粹德国对外扩张;知道德国、日本、意大利侵略集团是发动第二次世界大战的罪魁祸首。	• 探讨突发事件对历史发展的影响,提高独立思考和从多角度分析问题的能力。 • 阅读相关的书籍和资料,了解革命领袖在历史转折关头的重要作用。 • 通过第一次世界大战前后的欧洲示意图,学习运用历史地图的方法。 • 搜集有关材料,揭露德、意、日法西斯反人类的暴行。

续表 1.6

课程内容	教学活动建议
• 知道第二次世界大战的主要进程、《联合国家宣言》和雅尔塔会议等国际会议,理解世界人民反法西斯战争的艰巨性和胜利原因。 • 知道杜鲁门主义、德国分裂、"北约"与"华约",了解美苏"冷战"对峙局面的形成。 • 知道欧洲联合的趋势和日本经济的发展;知道社会保障制度的建立,初步了解战后资本主义发展的新特点。 • 知道苏联模式社会主义的推广,了解苏联的改革与变化以及苏联解体和东欧剧变。 • 通过万隆会议、"非洲年"、巴拿马收回运河主权等史实,知道战后殖民体系的崩溃和亚非拉国家为捍卫国家主权、发展经济所进行的斗争。 • 初步理解联合国和世界贸易组织的宗旨和作用。 • 初步了解"冷战"后世界多极化的发展趋势。 • 以计算机网络、生态与人口等问题为例,了解现代人类社会的发展及面临的挑战。	• 观看《斯大林格勒保卫战》《巴顿将军》等影片,树立正义一定战胜邪恶的信念。 • 就"人类能否有效避免世界大战的爆发"进行辩论,提高探究性学习的能力。 • 通过第二次世界大战前后世界历史地图的变化,了解战后民族独立运动发展的概况,提高运用历史地图的技能。 • 查阅某一国际问题的相关资料,并就此问题模拟联合国安理会的讨论。 • 通过查阅报纸杂志、收听收看广播电视、利用网络技术、进行社会调查等形式,了解当前人类面临的共同问题,并就其中的某一方面,如人口、资源、环境和社会问题等,写出调查报告,学习从事社会调查的方法。

(四)实施建议

1. 教学建议

历史课程的实施,必须以本标准为依据,力求体现历史课程的基本理念和设计思路,按照本标准提出的规定和要求,注重课程目标中"知识与能力""过程与方法""情感、态度与价值观"三方面目标的整合,并使其具体化为课时目标。教学时要灵活采用多样化的教学方式和方法,充分利用多种历史信息资源,突出历史教学的特点。

(1)坚持正确的思想导向和价值判断。

以唯物史观为指导,对人类历史的发展进行科学、正确的阐释,客观分析历史人物、历史事件和历史现象,对历史问题进行实事求是的解释和评述;坚持论从史出、史论结合的原则,力求科学性、思想性和生动性的统一;在评价历史人物和历史事件时,要注意坚持正确的价值引领,帮助学生逐步形成正确的世界观、人生观和价值观;注重拓宽历史课程的情感教育功能,充分发掘课程内容的思想情感教育内涵,潜移默化地对学生进行情感态度与价值观方面的熏陶。

（2）充分激发学生的历史学习兴趣。

注重初中学生的心理特征和认知水平，了解学生的生活经验和知识基础，结合具体、生动的史实，从多方面调动学生的学习积极性，激发学生学习历史的兴趣，培养学生的问题意识，引导学生主动地进行历史学习，积极参与历史教学活动。如创设历史的情境，使学生感受到历史上出现的矛盾、纠纷，从而产生了解历史和探寻历史的愿望。

（3）注重对基本史实进行必要的讲述。

运用多种方式展现历史发展的态势，尤其是通过教师清晰明了的讲述，使学生知晓历史的背景、主要经过和结果，通过具体、生动的情节感知历史，清楚地了解具体的历史状况。在此基础上，引导学生思考问题，对历史进行正确的理解，对史实作出合理的判断。如通过具体讲述历史人物典型的言行事例，使学生有真切的感悟，加深理解和认识。

（4）引导学生学会学习，学会思考。

以转变学生的学习方式为核心，注重学生学习历史知识的过程，注重对学生学习能力的培养，在教学过程中加强对学生学习方法的指导，使学生学会学习。鼓励学生在学习时进行独立思考和交流合作，培养学生提出问题和分析问题的能力，逐步养成探究式学习的习惯。

（5）注意历史知识多领域、多层次的联系。

力图从整体上把握历史，而不是孤立、分散地讲述历史知识。特别要注意历史发展的纵向联系、同一历史时期的横向联系、历史发展的因果联系、历史现象与现实生活之间的联系，以及历史学科知识与其他相关学科知识的联系和渗透等。如历史上重大改革的发生，往往有着政治、经济、社会、文化等方面的因素，需要对这些因素进行综合的考察。

（6）提倡教学方式、方法和手段的多样化。

根据教学目标、教学内容的特点，考虑到学生的实际情况和教师的自身特点，在相应的教学条件下，选择和运用适当的教学方式、教学方法和教学手段。教师要注重启发式、互动式教学，积极探索多种教学途径，组织丰富多彩的教学活动，例如：开展课堂讨论，组织辩论会，举行历史故事会，举办历史讲座，进行历史方面的社会调查，参观历史博物馆、纪念馆及爱国主义教育基地，考察历史遗址和遗迹，采访历史见证人，编演历史剧，观看并讨论历史题材的影视作品，仿制历史文物，撰写历史小论文，写家庭简史、社区简史和历史人物小传，编辑历史题材的板报、通讯、刊物，举办小型历史专题展览，等等。

提倡教学方法、教学手段的多样化和现代化。在教学中要将教师的讲述、讲解、演示等与学生的观察、材料研习、讨论、问题探究等结合起来；充分运用教学挂图、幻灯、投影、录音、录像、影片、模型等手段，进行形象、直观的教学；注重现代信息技术与历史教学的整合，努力创造条件，利用多媒体、网络组织教学，开发和制作历史课件。

（7）注重培养学生的创新意识和实践能力。

创造宽松的学习环境和氛围，为学生主动学习、积极探究、合作与交流提供条件。鼓励学生积极思考，勇于提出质疑和说明自己的观点、看法，对历史进行有意义、有创建的阐释。

引导学生积极参与校外的历史考察和社会调查，在实践中发现问题，并运用已学的历史知识、技能和方法去解决问题，提高实践能力。如对学校周边的文物古迹、社区、村庄、企业等进行历史沿革、发展现状的调查，搜集相关的资料、信息，并加以整理和分析，进行较为完整的叙述，提出自己的见解。

2．评价建议

评价的主要目的是全面了解学生学习历史的过程和结果，激励学生学习，促进学生的学业进步和全面发展，以及改善教师的教学和提高教学质量。

对学生的历史学习进行评价，是历史课程实施的重要环节。评价须以本标准中的"课程目标"和"课程内容"为依据，注重目标、教学和评价的一致性，运用科学、可行和多样的评价方式，对学生的历史学习过程和效果进行价值判断。评价不仅要关注学生的学习结果，更要关注学生在学习过程中的发展和变化。

学习评价应坚持诊断性评价、形成性评价与终结性评价相结合，教师评价与学生自我评价、同伴评价相结合，量化评价与质性评价相结合的原则。既要注重评价学生的学业成就，如历史知识、能力、思维方法与品质等，还要考虑到学习的其他变化，如对所学内容的情感倾向、对学习方式的效果领悟，以及与相关学科的迁移情况，特别是学生对历史认识上的变化。

（1）评价的设计。

①评价目标的选择与确定。

清晰的学习目标和评价目标是有效评价的关键。对学生历史学习的评价，包括"知识与能力""过程与方法""情感·态度·价值观"三个部分。这三个部分是一个密切联系、相互交融的有机整体。在确定评价目标时，可将历史课程每个板块在这三个部分的要点列举出来，并对每个要点进行可测量的描述。

第一，"知识与能力"的评价。对历史基础知识和历史学习能力的评价，既包括考查学生对有关史事、概念、观点等方面的掌握程度，又包括考查对历史问题进行判断、分析、论证和解决的水平。应以各学习板块的具体目标和要求为标准，准确地把握"了解""理解""运用"的不同层次要求，注重学生是否全面、准确地掌握重要历史事件、历史人物、历史现象以及历史发展的基本线索，并能够对有关的历史信息进行有效的获取、处理和运用，对历史事物进行正确的分析和判断，对历史问题作出合理的、客观的解释。

第二,"过程与方法"的评价。在对历史学习过程进行评价时,应注重学生对历史的感知、理解、探究等方面的发展变化,发现并鼓励学生在学习过程中的进步。评价要注重对学生学习过程的整体评价,既包括学生的认知发展水平,也包括学生在情感、态度、意志、信念等方面的进展。对学习方法的评价,要与对知识与能力的评价结合起来,不仅注重学生对历史学习方法的运用程度,也要注重学生在学习态度、学习习惯和学习策略上的进步。对这方面的评价应采取灵活多样的方法,将定性与定量相结合,并以定性评价为主。

第三,"情感·态度·价值观"的评价。在这方面的评价既要坚持正确的思想导向和价值标准,又要尊重学生的个性表现,关注和把握学生在情感、态度以及观点、信念上的变化与发展的趋向,注重学生通过历史学习对正确的思想、道德、观念等方面的感悟、理解和认同程度。对情感态度与价值观的评价主要在平时教学的过程中进行,注重考查和记录学生在不同阶段的状态和发生的变化。

② 评价方法的选择。

不同的评价任务需要选择不同的评价方式。根据评价功能的不同,评价任务包括诊断性评价、形成性评价和终结性评价三种类型。

评价的基本方法主要包括:历史习作、历史调查、历史制作、纸笔测验、教师观察、学生的自评与互评等。评价结果应及时反馈给学生,以便学生及时改进,促进学生的学习。

历史习作是考查学生收集和处理信息的能力、历史思维能力、语言文字表达等能力的方式。历史习作主要包括学生撰写的历史小论文、历史影视作品观后感、历史书籍读后感、历史演讲稿、历史短剧剧本,以及课后作业等。

历史调查既是一种活动方式,也是一种学习评价方式。教师可在教学中结合教学内容的需要和学生的实际,为学生提供适当、必要的历史调查活动的机会,拉近他们与历史的距离,使学生从多种角度了解历史,由此考查学生综合运用历史知识分析和解决问题的实践能力。

历史制作同样既是一种学习活动,也是一种评价方式。通过制作历史模型、编绘历史图表、制作历史课件等活动,可以考查学生动手与动脑的综合能力。在评价时要注意考查学生在历史制作过程中的心理感受和收获,教师应和学生一起设计可行的量规,作为评价工具对学生的作品进行公正、合理的评价。

纸笔测验是历史考试的主要形式。在测查时要注重对课程目标的全面考查,可采取闭卷、开卷、开卷与闭卷相结合等形式。考查的内容应体现历史课程的目标和课程内容的要求,确保考试的信度和效度,适当注意试题的开放性与探究性。

教师观察是指教师对学生在学习历史过程中的行为表现进行观察,作出记录,从而评价学生参与学习活动的状态、进展与成效。如观察学生如何提出问题、分析问题,对历史的感知、理解的状态,怎样对历史进行论证,历史学习方法的运用情况,以及学生在情感态度与价值观方面的真实表现等。教师观察的记录可作为期末评价学生学习状态的参照。

学生的自评是学生对自己的学习态度、策略、方法和效果等方面进行评价，以更清楚地了解自身的学习特长与不足，逐步学会调控自己的学习习惯，提高自主学习与评价的能力。学生的互评是学生之间时学习态度、策略、方法和效果等方面进行相互评价，共同分析和判断学习的状态，有助于学生相互交流和帮助。

③ 评价标准的制订。

评价标准一般包括评价维度、表现水平的规定，以及不同表现水平的实际样例。评价标准制订的程序包括：根据教学目标和内容以及学生水平确定评价目标和内容；选择重要的内容作为评价的维度；为每一个维度划分水平；确定每个评价维度各水平的评价标准，并用清晰、简要的语言进行描述。

（2）评价的实施。

应根据评价的任务和对象采用多样化的评价方式，强调评价信息来源的多样化。在评价的实施过程中应注重评价主体的多元化，注重教师评价、学生自我评价与同伴评价的相互结合。学生不但要明确评价的目标，还应参与评价标准的制订，主动参与评价信息的收集和评价结果的交流，真正成为评价过程的参与者。教师在评价中要考虑到学生个体的差异，要真正使评价能够促进每一个学生的发展。

（3）评价结果的解释与反馈。

历史学习评价结果的解释，是通过评价方式和过程对所获得的信息进行分析处理，作出评价结论。对于评价结果的解释与反馈，要更多地关注学生的进步，注重学生在知识掌握、能力发展、方法运用、问题解决、论证及表述等方面的提高，以及学习过程中的合作交流、情感态度等方面的变化。通过对评价结果的反馈，对学生给予及时的、适当的、有针对性的鼓励、指导和帮助，使学生在了解自己学习结果的基础上，总结学习经验，扬长避短，建立自信，激发内在的学习动力，更积极地投入到学习活动中。

3. 教材编写建议

历史教材包括教科书、教学图册、教师教学用书等。

历史教科书是学校历史教育最主要、最基本的教学资源。历史教科书应以本标准为依据进行编写，切实落实本标准提出的各方面要求，体现出历史课程在知识与能力、过程与方法、情感态度与价值观等方面的目标要求。

历史教科书的编写要以唯物史观为指导，从学生学习历史和认识历史的角度出发，力图有利于学生的历史学习。历史教科书应对历史进行正确的阐释，采用活泼、形象的方式和通俗、准确的语言，陈述历史发展的基本线索和各个时代的特征，使学生了解历史是鲜活的、生动的，而不是抽象的、概念化的。历史教科书应避免晦涩艰深的叙述和使用过于抽象的概念，避免说教式和灌输式的表述方式。

对历史人物和历史事件的叙述，应力求生动、具体，通过具体的历史细节，激发学生学习历史的兴趣，让学生感知历史情景，感悟历史问题，了解历史环境中人们的思想观念、生活方式和社会行为，理解重要历史人物的思想和贡献，认识重要历史事件发生、发展的因果关系。

历史教科书的编写应考虑到不同年级学生的心理特征和认知水平，有利于提高学生的阅读能力、观察能力和理解能力。要注意各年级之间的能力层次，注意学生学习方法的培养。要尽可能地引导学生通过教科书的学习，进入历史情景，由浅入深地感受和认识历史。历史教科书的编写应力图做到线索清晰，重点明确，呈现方式多样化，以利于学生从多种角度观察和思考历史，为学生的探究学习创造条件。

本标准为历史教科书的编写留有足够的空间。教科书的编写可根据本标准对教学内容进行建构，提倡多种编写体例，根据课程内容中的规定自拟课文题目，围绕课题选取典型史实；可以选取不同的切入点，采取多样的设计方式；也可适当增加一些内容，并使之在呈现方式和学习要求上有所区别，但增加的内容要有利于学生学习历史和理解历史，有助于更好地达成课程目标。要努力编写出学生爱读、乐学的历史教科书，使之成为学生学会学习的有力工具。

历史教学图册属于辅助性的学习材料，主要作用是向学生提供准确、清晰的历史地图，使学生了解所学史事的地理位置、范围，掌握历史地理概念，提高识图、用图的技能。

与教科书配套的历史教师教学用书，主要作用是提出怎样利用教科书实现历史教学的目标，教会学生学习和思考，并为课程的实施提供可操作的参考方案和必备的资料。教师教学用书应立足于一般学校教师的需要，对教科书的设计进行较详细的解释，解读教科书相关内容中的信息，提出需要重点理解的问题和值得探究的问题。应针对教学内容提供历史教育的一般理论及有利于学生主动学习的建议，提供有效的教学活动范例。教师教学用书的编写应有利于更新教育观念，促进教学创新，及时反映历史学研究的最新成果，向教师提供丰富、有用的教学资源。

4. 课程资源开发与利用建议

对历史课程资源的积极开发与充分利用，是历史教学顺利进行的基础条件。历史学科所具有的独特性质，使其拥有丰富的信息资源。在历史课程的实施中，教师要强化历史课程资源意识，因地制宜地开发和有效利用各种课程资源。

（1）充分开发历史课程的各种资源。

① 历史教科书是开展历史教学活动的重要依据，是历史教育资源的核心部分。学校应在教育行政部门指导下，由学校领导、专家、教师代表和家长代表共同选择经教育部审定的、适应本地特点和需要的教科书。

② 学校图书馆是课程资源的重要组成部分。历史学科是一门综合性很强的人文学科，涉及的领域广泛。学校应有意识地调整图书馆或资料室的藏书结构和规模，合理配置人文社会科学方面的书籍，如通史著作、历史刊物、历史文物图册、历史地图、

历史图表、通俗历史读物、历史小说、科学技术史、文学艺术史、考古和旅游等方面的读物，以供学生查阅，丰富学生的社会、人文知识，加深他们对课程内容的理解。

③ 多方面开发和利用校外历史课程资源。一是利用历史遗迹、遗址，以及博物馆、纪念馆、展览馆、档案馆、爱国主义教育基地等，组织学生参观，增强直观的历史感受。二是利用乡土教材和社区课程资源。乡土教材和社区课程资源对学生的历史学习和历史感悟大有裨益。还应随时随地发现和利用本地区丰富的人力资源，如历史见证人、历史专家学者、阅历丰富的长者等，他们能够从不同层面和多种角度为学生提供历史素材和历史见解。家庭也是历史学习的一种资源，家庭所收藏的照片、图片、实物、家谱或族谱，以及长辈对往事的回忆和记录，都会在不同程度上有助于学生的历史学习。

④ 合理利用历史题材的视频资料。近年来历史题材的影视音像作品大量增加，成为一种非常重要而且容易获取的历史课程资源。文献纪录片一般能够具体、生动地再现某段历史，刻画某些历史人物，叙述某些重大历史事件，有助于学生理解和认识历史，是应重点利用的影视资源。对于历史题材的影视文学作品，应选择那些比较接近历史实际、与课程内容有密切联系的作品，在使用时教师应注意进行必要的指导。

⑤ 积极发挥网络资源的作用。现代信息技术的发展，为历史学习提供了更为便捷和更加丰富的信息来源。有条件的地方和学校，应充分利用各种与历史学习有关的计算机教学辅助软件、多媒体历史课件、远程教育中的历史课程，互联网提供的历史教育网站、历史资料数据库和图书馆、博物馆网站等，以获取丰富的历史学习资源。

⑥ 历史课程资源还包括教师资源、学生资源等人力资源。历史教师只有不断提高自己的史学素养与教育素养，才能在历史教学活动中发挥最重要的人力资源的作用。同时，教师应重视学生资源的开发与利用，积极利用学生已有的社会阅历、知识经验及认知基础，调动学生积极参与历史教学活动，在师生的共同努力下，完成历史教学的任务。

（2）选择和利用历史课程资源的原则。

① 目标性原则。

根据并围绕着教学目标的需要，选择相应的课程资源，以使教师和学生运用这些资源更好地达成教学目标。

② 思想性原则。

课程资源的选择要注重其所呈现的思想导向和价值取向，要选择那些有助于学生全面、客观、辩证地分析历史的资源，并利用这些资源对历史进行正确的认识。

③ 精选性原则。

历史课程资源有多种多样，要对各种资源进行筛选，选取反映历史真实状况、具有典型性、代表性的资料，使资源的利用有助于学生对学习重点的理解。

④ 可行性原则。

课程资源的选择和运用要考虑到学生的实际，考虑到是否具有可操作性。课程资源必须易于在教学实际中应用，并且省时、有效。

第二章 历史学专业师范生教学技能实训手册

一、历史学专业师范生教学技能实训大纲

师范生教学技能训练是教师教育培养目标的重要组成部分,是促进教学质量提高,培养合格未来教师的重要手段。根据教育部(原国家教委师范司)1994 年颁布《高等师范学校学生的教师职业技能训练大纲(试行)》的基本要求,结合历史学专业特点与实际,逐项提出明确的训练目标、内容、方法,并按照循序渐进的原则,将其合理地分布在大学课程学习全程特别是教师教育类课程学习与教学实践技能训练中。

(一)语言文字基本功的训练

1. 普通话技能的训练

(1)训练要求。

对一般师范生来说,普通话应达到国家语委制订的(普通话水平测试标准)二级乙等,即能用比较标准的普通话进行朗读、讲课和交谈。所有师范生都要参加普通话水平测试。

(2)训练内容。

① 了解发音器官、发音部位和发音方法;掌握好《汉语拼音方案》;掌握普通话的声母、韵母、声调,掌握变调、轻声、儿化等。

② 熟练掌握现代汉语 3500 个常用字所组词语的标准读音,学习《汉语拼音正词法基本规则》,能直呼音节,正确拼写汉语词语。

③ 能用普通话朗读、对话。

④ 了解本地方言语音与普通话语音的主要差别和对应规律,能进行方音辨正。

⑤ 了解本地方言的词汇、语法与普通话的主要区别,能进行本地方言词汇、语法辨正。

(3)训练方法与建议。

开设普通话水平测试培训课程,教师指导。学生根据普通话水平测试培训教程规定的要求,并利用广播电视、录音等媒体自我练习,经测试,历史学专业的学生普通话应达到国家语委制订的(普通话水平测试标准)二级乙等。

2. 口语表达技能的训练

（1）训练要求。

有较强的朗读、演讲和口语表达能力，口语表达做到清晰、正确、得体；掌握各种教育教学口语形式的表达技能。

（2）训练内容。

① 朗读。

朗读是口语训练的重要途径。

朗读的要求：正确、清楚、流畅；恰当而充分地表达思想感情。

朗读的准备：熟悉内容，明确目的，了解对象。

朗读的技能：吐字归音、重音、语调、节奏等，应了解朗读与朗诵的区别与联系。

要求熟读诗词 2~3 篇，基本达到朗读的各项要求。

② 讲演。

讲演的特点和作用。

讲演的要求。

讲演的准备：选好讲演内容——自己熟悉，听者关注；了解听众，加强针对性。写好讲稿——观点明确，材料丰富，逻辑严密，语言准确、生动；进行充分的练习、准备，增强自信心。

讲演的技能：开头与结尾，突出重点，显示条理，临场应变，适当的手势、表情、姿态。

做讲演 2~3 次，基本达到讲演的各项要求。

③ 交谈。

交谈的特点与要求。

交谈的种类（偶然性或约会性的，拜访性的或采访性的，电话或其他）及其技能。

④ 教学口语。

教学口语的特点与要求。

教学口语的种类（复述、描述、概述、评述、解说等）及其技能。

（3）训练方法与建议。

开设教师口语课程，教师指导观摩教学录像课。学生根据自身的具体情况，利用广播电视等媒体或通过参加校、学院及班级组织的演讲赛、辩论赛等活动自我练习，也可参加演讲社团等进行练习。在教育实习实践中提高。

3. 掌握规范汉字的训练。

（1）训练要求。

教育学生树立用字要规范的意识，正确掌握 3500 个常用字的字形、结构、笔顺。熟练掌握粉笔字、钢笔字、毛笔字的楷书或行书的书写技能。

（2）训练内容。

① 掌握常用字的笔画、笔顺和字形结构。

② 掌握《简化字总表》中的简化字。

③ 会读、会写、会用《现代汉语常用字表》中所收的3500个常用字。

④ 自觉纠正错别字。分清容易读错的、容易写错的字和多音多义字。

（3）训练方法与建议。

开设粉笔字、钢笔字、毛笔字等书法课程，组织书法兴趣小组或书法社团，学生根据自身情况，依据《简化字总表》及《现代汉语常用字表》或选帖临摹自我训练，教师对学生作业、实验报告、论文等的错别字要进行纠正。利用广播电视等媒体或通过参加校、学院及班级组织的粉笔字、钢笔字、毛笔字比赛等活动自我练习。

4. 常用文体写作技能的训练

（1）训练要求。

训练高等师范学校学生掌握教师常用文体的写作技能，所写文章内容符合文体要求，语言得体，语句通顺，标点符号，正确无误。

（2）训练内容。

① 掌握申请报告、调查报告、教学工作计划、工作总结、教学反思、教学笔记等常用文体的写作知识和技能。学习范文，并习作若干篇。

② 准确使用和书写标点符号。

③ 行文行款格式正确。

④ 行文内容符合相应文体的要求。

（3）训练方法与建议。

开设应用文写作课、历史学科教学论和史学论文写作等课程，强化学生书面表达技能训练，教师加强指导，学生自主练习，在教育实践中提高写作技能。

（二）教学工作技能训练

教学工作技能训练是指教师备课、上课、批改作业和评定成绩等教学环节所必备的技能训练。其主要内容包括课前进行教学设计的技能、使用教学媒体和编制教学软件的技能、课堂教学实施的技能、设计和批改作业的技能、组织和指导课外教学活动的技能及教学研究的技能、说课、听课、评课技能等。

1. 历史课堂教学设计技能的训练

教学设计是指教师在备课中，系统地组织各种教学资源，并对教学过程中相互联系的各个部分做出整体安排，形成合理科学的逻辑分析和讨论办法，制订解决问题的步骤，对预期结果进行分析的过程。新课程改革背景下的历史教学，除了要求学生掌握一般的学科知识，更强调教师在教学过程中关注学生的情感发展、价值观形成以及历史思维能力与方法的培养。

（1）训练要求。

通过训练掌握制订中学历史教学目标、分析和处理教材、了解学生、制订教学策略、制订课程学期教学计划和编写教案的方法。结合学科特点设计和批改学生作业，课后能评价自己和别人的教学。

（2）训练内容。

① 制订教学目标：了解教学目标的类别，掌握制订教学目标的方法和要求，重点掌握制订课堂教学目标的方法。

② 分析和处理教材：通过训练初步学会分析教材的方法，能围绕教学目标组织和处理教材。

③ 了解学生：了解学生学习的特点，掌握分析学生学习的方法。

④ 制订教学策略：能根据教学目标、教学内容和学生实际选择教学媒体，其中包括：教学内容与媒体选择；学生特点与媒体选择；媒体的教学特性与选择，媒体的价值与选择。将各种媒体有机地结合，设计课堂教学活动。

⑤ 制订教学计划和编写教案：了解教学计划和教案的结构和要求，掌握制订教学计划和编写教案的方法，通过训练能写出合乎要求的教学计划和教案。

⑥ 作业的类型和设计：了解本学科学生作业的类型及设计的方法，能根据教学的需要选择和设计作业的内容。

⑦ 评价与成绩编制：了解学习评价的依据和标准，通过训练掌握学习评价的方法，科学编制成绩标准。

（3）训练方法与建议。

开设中学历史课程教学论、中学历史教材分析，重点训练历史教学设计技能。历史学科教学论与学科技能训练任课教师要从低年级起组织学生有计划、循序渐进地进行训练，学生要重视自我提高，也可组织开展微格教学、模拟教学活动。在教育实践中提高。

2. 现代教育技术技能的训练

（1）训练要求。

设计制作教学所需的 CAI 课件及简易教具。

（2）训练内容。

教学课件的编制与使用；投影片的种类和制作，录音教材制作；幻灯、电视录像教材和计算机辅助教学软件的应用。

（3）训练方法与建议。

通过现代教育技术、多媒体课件设计与制作等课程，学生在教师的指导下系统训练。学生根据自身的具体情况自主练习。在教育实习实践中提高。

3．课堂教学技能的训练

（1）训练要求。

使学生了解课堂教学中基本教学技能的类型，理解各项基本教学技能的概念，掌握各项教学技能的执行程序和要求，通过训练能根据教学任务和学生特点把教学技能应用于教学实践。包括以下项目：

① 导入技能。

② 板书板画技能。

③ 演示技能。

④ 讲解技能。

⑤ 提问技能。

⑥ 反馈强化技能。

⑦ 结束技能。

⑧ 组织教学技能。

⑨ 变化技能。

⑩ 教学技能综合训练。

（2）训练内容。

① 导入技能。

概念：在新的教学内容或活动开始时，教师引导学生进入学习的行为方式。

历史课导入的类型：问题式导入；材料式导入；激趣式导入；情景式导入；释题导入等。

导入的程序：集中注意—引起兴趣—激发思维—明确目的—进入学习课题。

导入的要求：针对教学内容和学生的特点，导入目的明确；能引起学生兴趣，有启发性；导入与新知识联系紧密，进入课题自然合理。

② 板书板画技能。

概念：教师利用黑板以凝练的文字语言和图表等形式，传递教学信息的行为方式。

板书板画的类型：提纲式；语词式；表格式；线索式；图示式；示意图；简笔画等。

板书板画的要求：书写规范迅速，示范性强；条理清晰，布局合理；形式多样，启发思维；文字、图表科学准确；板书简单明了，形象生动。

③ 演示技能。

概念：教师根据教学内容特点和学生学习的需要，运用各种教学媒体把事物的形态、结构或变化过程等内容展示出来，指导学生理解和掌握知识、传递教学信息的行为方式。

演示的类型：实物、模型的演示；历史地图的演示；幻灯、投影的演示。

演示的程序：心理准备—出示演示物—对演示物说明—讲解—总结—核查学生理解。

演示的要求：对演示物精心选择；演示前提出问题和观察重点；演示时要指导学

生观察，充分感知；多种媒体相互配合，综合利用；演示后及时总结，明确观察结果。

④ 讲解技能。

概念：教师利用语言及各种教学媒体引导学生理解重要事实，形成概念、原理、规律、法则等行为方式。

讲解的类型：事实性知识的讲解、抽象性知识的讲解。

讲解的程序：

事实性知识的讲解：提出问题叙述事实—提示要点核查理解。

抽象性知识的讲解：归纳法：提供感性材料—指导分析—综合概括—巩固深化；演绎法：提出概念—阐明术语—举出实例（正、反例）—巩固深化。

讲解的要求：明确目标、重点突出；运用丰富的实例（正、反例），联系已学过知识，引导学生分析概括，培养学习方法；及时巩固、应用，理论联系实际。

⑤ 提问技能。

概念：教师以提出问题的形式，通过师生的相互作用，检查学习、促进思维、巩固知识、运用知识、促进学生学习的行为方式。

提问的类型：回忆提问；理解提问；运用提问；分析提问；综合提问；评价提问。

提问的程序：引入阶段—陈述阶段—介入阶段—评价阶段。

提问的要求：设计多种水平的问题；问题重点突出，简明易懂，把握提问时机，给予启发和引导；给予分析和评价。

⑥ 反馈和强化技能。

概念：反馈是教师传出教学信息后，从学生那里取得对有关信息反应的行为方式。强化则是教师通过各种方法促进和增强学生的某一行为变化朝更好方向发展的行为方式。

反馈的类型：课堂观察；课堂提问；课堂考查；实践操作。

强化的类型：语言强化；符号（标志）强化；动作强化；活动强化。

反馈和强化的要求：反馈及时准确，强化恰到好处；反馈形式灵活多样，强化方式适合学生特点，发现学生的微小进步，强化以表扬为主。

⑦ 结束技能。

概念：在完成一个教学内容或活动时，教师对知识进行归纳总结，使学生所学知识形成系统，转化升华的行为方式。

结束的类型：归纳式；比较式；活动式；练习式；拓展延伸式。

结束的程序：简单回忆—提示要点—巩固练习或拓展延伸。

结束的要求：明确教学重点，提示知识要点；形成知识系统，使学生理解升华；及时巩固，强化学习；结束形式多样，增强学生兴趣。

⑧ 组织教学技能。

概念：在课堂教学中，教师不断吸引学生的注意，管理纪律，引导学习，建立和谐的教学环境，指导学生进行学习的行为方式。

组织的类型：管理性组织；指导性组织；诱导性组织。

组织的要求：明确目的，教书育人；了解学生，尊重学生；重视集体，形成风气；灵活应变，因势利导。

⑨ 变化技能。

概念：教师利用表情、动作等身态语，辅助口头语言传递教学信息和表达情感的行为方式。

变化的类型：动作变化；表情变化；眼神变化；声调变化。

变化的要求：根据教学内容和学生的特点确定变化的类型；每一种类型的应用要有助于组织学生的注意和传递教学信息；变化技能的应用要合理适度。

⑩ 教学技能综合训练：综合运用以上几种教学技能进行训练。

（3）训练方法与建议。

通过教师口语、历史学科教学论课程和历史学科技能训练等课程，到中学通过见习观摩活动等方式，学生在教师的指导下系统训练，以上学科授课教师从低年级起组织学生有计划、循序渐进地进行训练，学生要注意自我提高，也可组织开展相关模拟教学活动。在教育实习中实践提高。

4. 组织和指导课外教学活动技能的训练

（1）训练要求。

能组织和指导与本学科教学有关的课外活动。

① 课外活动内容选择的要求：活动目的明确，有利于人才培养；活动内容的选择要适合青少年的特点；课内外知识有机地结合；教师具有辅导能力。

② 课外活动方案的设计：了解活动方案的设计和活动方案设计的方法。

③ 课外活动的类型：课外科技小组；科技知识竞赛；读书报告会；小制作比赛；参观；访问；调查等。

（2）训练内容。

① 概念：教师根据学生的特点及培养学生能力的要求，组织、指导学生开展有关学科课外活动的教学行为方式。

② 学科课外活动的类型：课外兴趣小组；科技知识竞赛；读书报告会；小论文和小制作比赛；参观；调查等。

③ 学科课外活动常用的方法：观察和调查；实验和实践；讨论和评议；制作和创作。

④ 学科课外活动方案的设计：了解活动方案的构成和活动方案设计的方法。

⑤ 学科课外活动内容选择的要求：活动目的明确，有利于人才培养；活动内容的选择要适合青少年的特点；课内课外知识有机结合；教师具有辅导能力。

（3）训练方法。

组织学生到中学见习观摩等，指导学生根据自身的具体情况自我练习。在教育实习实践中提高。

5. 教学研究技能的训练

（1）训练要求。

初步运用教学理论进行教育研究设计、资料统计、撰写论文、科研报告的行为方式。

（2）训练内容。

① 概念：初步运用教学理论进行教学研究设计、资料搜集与统计处理、撰写论文的行为方式。

② 教学研究课题的选择：了解教学研究课题、课题选择的方法及制订研究计划。

③ 教学研究的方法：调查研究；观察研究；实验研究；比较研究。

④ 研究资料的统计和分析：掌握统计描述的基本方法，了解统计检验的适用范围。

⑤ 研究论文撰写的方法：了解科研论文的结构和撰写科研论文的要求。

（3）训练方法与建议。

通过教育科研方法、写作、学科教学论等课程，学生在教师的指导下系统训练，学生根据自身的具体情况自我练习。在教育实习实践中提高。

6. 说课技能

说课是以教育、教学理论为基础，以说为形式，系统而概括地说课标、说学情、说教学内容、说教法与学法、说教学程序的实施，而后评议、交流、切磋的一种新型的教研活动形式。通过训练使学生了解说课的原则、内容、方法及基本要求，掌握说课稿的撰写技能，并能根据说课稿实施说课，从而增强学生的教学基本功，发展和提高教学技能。

（1）训练要求。

能初步运用本专业知识和教育学、心理学原理以及历史学科教学论知识指导教学实践，撰写说课稿，进行说课。

（2）训练内容。

能以教育教学理论为指导，在精心准备的基础上，借助口头语言和有关辅助教学手段阐述历史课程的教学设计，明确课程目标及达成、教学流程的安排、重难点的把握、教学效果的预测与评价等完成说课稿的撰写及学会说课。

（3）训练方法与建议。

通过学科技能训练等课程，学生在教师的指导下系统训练，学生要注意自我提高，在教育实习实践中提高。

7. 听课评课技能

（1）听课技能。

① 训练要求。

听课是教学的常规工作之一，是教育行政和教学业务部门检查指导及各种层面上教研活动的重要内容，是教师教研人员一项必不可少的经常性的工作。通过训练使学生懂得运用专业知识和教育教学理论知识对被听课者做出一些定量或定性的评价，了解被听课者成功的地方与不足的地方，掌握听课评课的技能技巧。

② 训练内容。

明确听课的目的和要求；要做到听、看、记、思有机结合。

③ 训练方法与建议。

通过学科技能课程及各类观摩课型等实践活动，学生在教师指导下进行自主训练与专题训练，在教育见习与实习等实践中提高。

（2）评课技能。

① 训练要求。

能够对教师在课堂教学中的教与学、讲与练、主导与主体、学知识、学做人及提高能力、全面要求与因材施教、教学目标与教学效果达成等方面进行科学合理的评价。

② 评价内容。

评教学态度与教态；评教学过程与教学方法；评教学组织安排；教学语言与板书设计；评专业技能的综合运用；评应变能力；评教学媒体的运用。

③ 训练方法与建议。

通过学科技能课程及各类观摩课型等实践活动，学生在教师指导下进行自主训练与专题训练，在教育见习与实习等实践中提高。

历史学专业师范生的教学技能训练是一项长期艰巨的系统工程，要从学生入学开始抓起，坚持始终，常抓不懈。必须积极创造条件，开设教师技能训练课程，组织开展微格教学、师范生教学技能课外培训和竞赛等活动，构建新的"明确目标—分步实施—示范指导—实践锻炼—严格考核"训练模式，全面提高历史学专业师范生的教学技能水平。

二、历史学专业师范生教学技能实训指导手册

（一）实训指导

1. 普通话技能训练

（1）训练目标。

普通话是教师的职业语言，能用普通话进行教育教学工作是合格教师的必备条件，对一般师范生来说，普通话应达到国家语委制订的（普通话水平测试标准）二级乙等，即能用比较标准的普通话进行朗读、讲课和交谈。所有师范生都要参加普通话等级测试。

（2）训练内容。

① 了解发音器官、发音部位和发音方法；掌握好《汉语拼音方案》；掌握普通话的

声母、韵母、声调，掌握变调、轻声、儿化等。

②熟练掌握现代汉语3500个常用字所组词语的标准读音，学习《汉语拼音正词法基本规则》，能直呼音节，正确拼写汉语词语。

③能用普通话朗读、对话、讲故事。

④了解本地方言语音与普通话语音的主要差别和对应规律，能进行方音辨正。

⑤了解本地方方言的词汇、语法与普通话的主要区别，能进行本地方言词汇、语法辨正。

（3）训练方法与建议。

开设普通话水平测试培训课程，教师指导。学生根据普通话水平测试培训教程规定的要求，并利用广播电视、录音等媒体自我练习，经测试，历史学专业的学生普通话应达到国家语委制订的（普通话水平测试标准）二级乙等。

2. 口语表达技能训练

（1）训练目标。

教师的教育和教学工作都需要很强的口语表达技能，普通话技能是口语表达技能的基础，普通话没有达到一定的水平，就无法进行口语表达技能的训练。因此对高校师范生进行专门的口语训练并提出较高的要求，是十分必要的。

通过训练，学生能具有较强的朗读、演讲和口语表达能力，口语表达做到清晰、正确、得体；掌握各种教育教学口语形式的表达技能。

（2）训练内容。

①朗读、讲演、辩论、主持（活动）、交谈。

②语言幽默性、语言情感性。

③教学口语、教育口语。

（3）训练方法与建议。

①开设"普通话"课程。

②通过心理学课程帮助师范生克服紧张和自卑心理。

③教育学课程通过案例教学，提供学生实训机会（每人至少轮训一次）。

④专业的教学法课要讲授教学、教育语言的运用问题。

⑤以班级为单位组织训练，由学生会、共青团或其他社团经常组织学生进行朗诵、演讲比赛。

3. 书写和书面表达技能训练

（1）训练目标。

教育学生树立用字要规范的意识，正确掌握3500个常用字的字形、结构、笔顺。熟练掌握粉笔字、钢笔字、毛笔字的楷书或行书的书写技能。

较好的书面表达是教师与学生、教师之间、教师与领导管理者、教师与学生家长沟通交流的基础条件，良好的语言组织与书写能力是教师职业的基本要求。

（2）训练内容。

① 书写规范汉字训练内容。

掌握常用字的笔画、笔顺和字形结构。

掌握《简化字总表》中的简化字。

会读、会写、会用《现代汉语常用字表》中所收的 3500 个常用字。

自觉纠正错别字。分清容易读错的、容易写错的字和多音多义字。

② 书面表达训练内容。

教学工作计划、工作总结；申请报告、调查报告；各类信函；教学反思、教学笔记、活动反思、史学论文。

（3）训练方法与建议。

① 学院辅导员、班主任负责实际训练的管理工作，要求每一名师范生必须有一块小黑板。以班级为单位组织书写练习、书面表达方面实训项目的练习（一、二年级每周三次，一次一小时，两次练字）。

② 开设粉笔、钢笔、毛笔书法选修课。

③ 以二级学院为单位组织书法比赛、展览。

④ 开设"综合写作"通选课，引导学生掌握一般文体和常规应用文体写作基本技巧，增进学生书面表达技能。

⑤ 开设"文献检索与史学论文写作"，强化学生书面表达技能训练；加强毕业论文写作过程的指导和考核，让学生在毕业论文写作过程中综合提高书面表达能力。

4. 现代教育技术技能训练

（1）训练目标。

信息技术是提高教学质量的重要手段。应让学生认识到现代教育技术的有效应用对于优化教学过程、推进教育信息化、促进教育改革和实施国家课程标准起着重要作用。学生应掌握：常见教学媒体使用方法、教学课件制作方法、信息检索与利用的方法，最终达到对教学资源、教学过程进行有效管理，正确进行教学设计以达到最优化教学。

（2）训练内容。

① PowerPoint、Flash、Authorware 软件使用及制作。

② 媒体选择、教具制作。

③ 照相、摄像。

④ 音像采辑、信息搜索、网上资源的下载、网络学习。

⑤ 多媒体综合运用。

（3）训练方法与建议。

① 结合《现代教育技术》课程教学进行训练。

② 通过课外多媒体课件制作活动和竞赛进行。

③学生上机训练。
④结合教育实习进行综合训练与应用。

5. 历史教学设计技能训练

（1）训练目标。

①新课程改革背景下的历史教学，除了要求学生掌握一般的学科知识，更强调教师在教学过程中关注学生的情感发展、价值观形成以及历史思维能力与方法的培养。

②通过训练，学生应掌握制订中学历史教学目标、分析和处理教材、了解学生、制订教学策略、制订课程学期教学计划和编写教案的方法。

（2）训练内容。

①了解学生：了解学生学习的特点，掌握分析学生学习的方法。

②分析和处理教材：通过训练初步学会分析教材的方法，能围绕教学目标组织和处理教材。

③教学目标的确定：了解教学目标的类别，掌握制订教学目标的方法和要求，重点掌握中学历史课堂教学三维目标的制订：知识与技能目标，过程与方法目标，情感、态度与价值观目标。

④教学策略的选择：能根据教学目标、教学内容和学生实际选择教学媒体，其中包括：教学内容与媒体选择；学生特点与媒体选择；媒体的教学特性与选择，媒体的价值与选择。将各种媒体有机地结合，设计课堂教学活动。

⑤制订教学计划和编写教案：了解教学计划和中学历史教案的结构和要求，掌握制订教学计划和编写教案的方法，通过训练能写出合乎要求的教学计划和教案。

⑥作业的类型和设计：了解本学科学生作业的类型及设计的方法，能根据教学的需要选择和设计作业的内容。

⑦评价与成绩编制：了解学习评价的依据和标准，通过训练掌握学习评价的方法，科学编制成绩标准。

（3）训练方法与建议。

①在教育学、心理学课程中重点训练教学准备技能中实训项目。

②开设中学历史课程教学论、中学历史教材分析，重点训练历史教学设计技能，结合课堂教学布置相关教学设计作业。

③通过聘请相关专家为学生开设新课程标准和新课程实施专题讲座与辅导，强化学生对新课程理念及其教学改革意义的认识，拓宽学生的思维视野。

④结合教育见习、教育实习进行强化训练。

6. 历史课堂教学技能训练

（1）训练目标。

使学生了解课堂教学中基本教学技能的类型，理解各项基本教学技能的概念，掌握各项教学技能的执行程序和要求，通过训练能根据教学任务和学生特点把教学技能应用于教学实践。

（2）训练内容。

① 导入技能。

历史课导入的类型：问题式导入；材料式导入；激趣式导入；情景式导入；释题导入，等等。

导入的程序：集中注意—引起兴趣—激发思维—明确目的—进入学习课题。

导入的要求：针对教学内容和学生的特点，导入目的明确；能引起学生兴趣，有启发性；导入与新知识联系紧密，进入课题自然合理。

② 板书板画技能。

板书板画的类型：提纲式；语词式；表格式；线索式；图示式；示意图；简笔画等。

板书板画的要求：书写规范迅速，示范性强；条理清晰，布局合理；形式多样，启发思维；文字、图表科学准确；板书简单明了，形象生动。

③ 演示技能。

演示的类型：实物、模型的演示；历史地图的演示；幻灯、投影的演示。

演示的程序：心理准备—出示演示物—对演示物说明—讲解—总结—核查学生理解。

演示的要求：对演示物精心选择；演示前提出问题和观察重点；演示时要指导学生观察，充分感知；多种媒体相互配合，综合利用；演示后及时总结，明确观察结果。

④ 讲解技能。

讲解的类型：事实性知识的讲解，抽象性知识的讲解。

讲解的程序：

事实性知识的讲解：提出问题叙述事实—提示要点核查理解。

抽象性知识的讲解：归纳法：提供感性材料—指导分析—综合概括—巩固深化。

演绎法：提出概念—阐明术语—举出实例（正、反例）—巩固深化。

讲解的要求：明确目标、重点突出；运用丰富的实例（正、反例），联系已学过知识，引导学生分析概括，培养学习方法；及时巩固、应用，理论联系实际。

⑤ 提问技能。

提问的类型：回忆提问；理解提问；运用提问；分析提问；综合提问；评价提问。

提问的程序：引入阶段—陈述阶段—介入阶段—评价阶段。

提问的要求：设计多种水平的问题；问题重点突出，简明易懂，把握提问时机，给予启发和引导；给予分析和评价。

⑥ 反馈和强化技能。

反馈的类型：课堂观察；课堂提问；课堂考查；实践操作。

强化的类型：语言强化；符号（标志）强化；动作强化；活动强化。

反馈和强化的要求：反馈及时准确，强化恰到好处；反馈形式灵活多样，强化方式适合学生特点，发现学生的微小进步，强化以表扬为主。

⑦ 结束技能。

结束的类型：归纳式；比较式；活动式；练习式；拓展延伸式。

结束的程序：简单回忆—提示要点—巩固练习或拓展延伸。

结束的要求：明确教学重点，提示知识要点；形成知识系统，使学生理解升华。

⑧ 组织教学技能。

组织的类型：管理性组织；指导性组织；诱导性组织。

组织的要求：明确目的，教书育人；了解学生，尊重学生；重视集体，形成风气；灵活应变，因势利导。

⑨ 变化技能。

变化的类型：动作变化；表情变化；眼神变化；声调变化。

变化的要求：根据教学内容和学生的特点确定变化的类型；每一种类型的应用要有助于组织学生的注意和传递教学信息；变化技能的应用要合理适度。

⑩ 教学技能综合训练。

综合运用以上几种教学技能进行训练。

（3）训练方法与建议。

① 结合课程教学要求，学生分组在组长的带领下进行课堂教学技能训练（学生互训）。

② 历史学科教学论的教师改革教学方法，利用课堂进行示范性训练。

③ 学生必须准备好试讲（或微格教学）教案，分期分批参加测试。

④ 教育见习、实习、顶岗支教（实战练习）。

7. 组织和指导课外教学活动技能的训练

（1）训练目标。

通过训练让学生掌握组织和指导与历史学科教学有关的课外活动的技能。

（2）训练内容。

① 学科课外活动的类型：课外兴趣小组；科技知识竞赛；读书报告会；小论文和小制作比赛；参观、调查等。

② 学科课外活动常用的方法：观察和调查；实验和实践；讨论和评议；制作和创作。

③ 学科课外活动内容选择的要求：活动目的明确，有利于人才培养；活动内容的选择要适合青少年的特点；课内课外知识有机结合；教师具有辅导能力。

（3）训练方法与建议。

组织学生到中学见习观摩等，学生根据自身的具体情况自我练习，在教育实习实践中提高。

8. 教学研究技能的训练

（1）训练目标。

使学生初步掌握教学研究的基本方法，能运用科学理论与方法进行教学研究，探索教学规律，指导教学改革实践，提高教学质量。

（2）训练内容。

① 教学研究课题的选择：了解中学历史教学研究课题；制订研究计划。

② 教学研究的方法：调查研究；观察研究；比较研究。

③ 研究论文撰写的方法：了解史学论文的结构和撰写史学论文的要求。

（3）训练方法与建议。

① 开设教育科学研究方法、研究性学习选修课程，完成实训任务。

② 要求学生第一、第二、第三学年的暑假分别完成教育调查1份，学校每年组织评选，颁发优秀个人奖和优秀组织奖。

③ 鼓励学生选择教师教育类问题撰写毕业论文。

9. 说课技能

（1）训练目标。

通过训练使学生了解说课的原则、内容、方法及基本要求，掌握说课稿的撰写技能，并能根据说课稿实施说课，从而增强学生的教学基本功，发展和提高教学技能。

（2）训练内容。

① 说教学内容：教学目标、重点与难点。

② 说教法、学法。

③ 说教学程序。

④ 说板书设计。

（3）训练方法与建议。

① 说课既可以在历史学科教学论课程中进行训练，学生也可以利用课余时间训练。

② 聘请教学经验丰富的中学历史教师进行说课指导。

③ 学院组织说课比赛。

④ 教务处组织学校的说课大赛。

10. 听课、评课技能

（1）听课技能。

① 训练目标。

通过训练使学生懂得运用专业知识和教育教学理论知识对被听课者做出一些定量或定性的评价，了解被听课者成功的地方与不足的地方，掌握听课评课的技能技巧。

② 训练内容。

明确听课的目的和要求；要做到听、看、记、思有机结合。

③ 训练方法与建议。

通过学科技能课程及各类观摩课型等实践活动，学生在教师指导下进行自主训练与专题训练，在教育见习与实习等实践中提高。

（2）评课技能。

① 训练目标。

能够对教师在课堂教学中的教与学、讲与练、主导与主体、学知识、学做人及提高能力、全面要求与因材施教、教学目标与教学效果达成等方面进行科学合理的评价。

② 评价内容。

评教学态度与教态；评教学过程与教学方法；评教学组织安排；教学语言与课堂板书；评专业技能的综合运用；评应变能力；评教学媒体的运用。

③ 训练方法与建议。

通过中学历史学科技能课程及各类观摩课型等实践活动，学生在教师指导下进行自主训练与专题训练，在教育见习与实习等实践中提高。

三、历史学专业师范生教学技能实训考核手册

（一）历史学专业师范生的教学技能考核项目及其标准

历史学专业师范生的教学技能考核包括普通话与口语表达技能、书写规范汉字技能、书面表达技能、现代教育技术技能、教学设计技能、课堂教学技能、组织和指导课外教学活动技能、教学研究技能、说课技能、听课评课技能等10个项目，总权重为100分，成绩评定标准为：85分以上为优秀，75~85分为良好，60~75分为及格。及格以上获得《师范生综合技能考核课程》1个学分，考核不合格的没有学分，不能参加教育实习。

（二）各项目的考核标准

1. 普通话与口语表达考核

（1）考核目的。

普通话是教师的职业语言，能用普通话进行教育教学工作是合格教师的必备条件，因此高校师范生必须讲普通话，并按国家主管部门制订的《普通话水平测试标准》的要求通过测试。

（2）考核方式与要求。

① 历史学专业师范生须参加普通话水平测试，应达到国家语委制订的（普通话水平测试标准）二级乙等（80分）以上成绩。

② 口语表达：要求达到朗读准确、流利、有感情；表达清晰、精炼。

（3）考核学期。

第一学年（第二学期）。

（4）评价标准。

依据国家语言文字工作委员会1999年颁布的《普通话水平测试等级标准》（试行），见表2.1。

表 2.1 国家语委普通话水平测试等级标准

等级		评 价 标 准
一级	甲等	朗读和自由交谈时，语音标准，词汇、语法正确无误，语调自然，表达流畅。测试总失分率在3%以内
	乙等	朗读和自由交谈时，语音标准，词汇、语法正确无误，语调自然，表达流畅。偶然有字音、字调失误。测试总失分率在8%以内
二级	甲等	朗读和自由交谈时，声韵调发音基本标准，语调自然，表达流畅。少数难点音（平翘舌音、前后鼻尾音等）有时出现失误。词汇、语法极少有误。测试总失分率在13%以内
	乙等	朗读和自由交谈时，个别调值不准，声韵母发音有不到位现象。难点音较多（平翘舌音、前后鼻尾音、边鼻音、fu-hu、z-zh-j、送气不送气、i-u不分，保留浊塞音、浊塞擦音、丢介音、复韵母单音化等），失误较多。方言语调不明显。有使用方言词、方言语法的情况。测试总失分率在20%以内
三级	甲等	朗读和自由交谈时，声韵调发音失误较多，难点音超出常见范围，声调调值多不准。方言语调较明显。词汇、语法有失误。测试者失分率在30%以内
	乙等	朗读和自由交谈时，声韵调发音失误较多，方言特征突出。方言语调明显。词汇、语法失误较多。外地人听其谈话有听不懂情况。测试总失分率在40%以内

2. 书写规范汉字考核

（1）考核目的。

教育学生树立用字要规范的意识，正确掌握3500个常用字的字形、结构、笔顺。熟练掌握粉笔字、钢笔字、毛笔字的楷书或行书的书写技能。

较好的书面表达是教师与学生、教师之间、教师与领导管理者、教师与学生家长沟通交流的基础条件，良好的语言组织与书写能力是教师职业的基本要求。

（2）考核方式与要求。

① 粉笔字比赛字体为正楷或行楷。

② 标题和内容的字号应有所区别。

③具备良好的书写习惯,做到笔顺正确,笔画清楚,字形规范,字体美观,行款格式正确,卷面整洁,注重实用性与艺术性的结合与统一。
(3)考核学期。
第一学年(第一学期)。
(4)评价标准,见表2.1。

表2.2 书写评价标准

评价标准	等级				得分
	A	B	C	D	
书写规范,笔画清楚到位,无错别字、繁体字(30分)	30	24	18	12	
间架结构合理,笔画流畅,分布匀称(30分)	30	24	18	12	
章法自然,整体感观舒适,字形大小适中(20分)	20	16	12	8	
整洁、美观,无涂改(10分)	10	8	6	4	
书写内容完整,在规定时间内完成(10分)	10	8	6	4	

3. 常用文体写作技能考核

(1)考核目的。
对师范生的常用应用文体写作技能考核目的在于让学生熟练掌握各种常用应用文体写作的知识与技能,提升教师基本职业技能,增加其就业能力。
(2)考核方式与要求。
①用简明扼要的语言将内容完整无误地叙述清楚。
②严格按照文种格式规范行文。
③字迹工整,无错别字,标点规范,语句顺畅。
(3)考核学期。
第二学年(第四学期)。
(4)评价标准,见表2.3。

表2.3 常用文体写作技能考核评价标准

项目	评价标准	等级				得分
		A	B	C	D	
内容30分	切合题意,中心突出,内容充实	30	24	18	12	
表达40分	符合文体要求,语言精练、流畅	40	32	24	16	
结构20分	结构完整、条理清楚	20	16	12	8	
卷面10分	写字工整、规范;无错别字	10	8	6	4	

4. 多媒体课件制作考核

（1）考核目的。

多媒体课件是用于实现教学目标，实施教学活动的辅助教学工具。它根据教学目标要求，遵循幼儿感知动作思维和具体形象思维的特点来设计。它直观、形象、生动，有丰富的表现力；它快捷、灵活、高效，有良好的互动性；它化繁为简、化难为易，促进了课堂教学内容、教学方法、教学过程的全面优化，提高了教学效果。

（2）考核方式与要求。

① 根据教学设计现场制作多媒体课件一例，制作平台不限，制作时间不超过120分钟。

② 多媒体课件制作要求独立完成，进考场时可以携带事先准备的教学设计和多媒体素材。

（3）考核学期。

第二学年（第四学期）。

（4）评价标准，见表2.4。

表2.4 多媒体课件制作评价标准

项目	内容	评价标准		等级				得分
				A	B	C	D	
多媒体课件制作100分	科学性 20分	规范性	课件内容正确、规范，无科学错误	10	8	6	4	
		适宜性	课件取材适宜，符合中学生的心理水平	10	8	6	4	
	教育性 40分	目标实现	课件设计体现教学设计思想，突出教学重点，帮助幼儿突破教学难点	20	16	12	8	
		互动性	能吸引中学生的注意力，调动中学生的学习热情，加强师生互动，自动评价中学生练习结果	20	16	12	8	
	技术性 20分	操作性	在通用软件下运行可靠，没有"死机"现象，没有连接错误，操作方便、灵活	10	8	6	4	
		设计水平	充分选用多媒体技术(如图像、音频、视频、动画等)，有相应的控制技术，有创新	10	8	6	4	
	艺术性 20分	界面效果	界面布局合理、新颖、活泼，整体风格统一，制作精细	10	8	6	4	
		媒体效果	色彩明快、协调，形象清晰、生动，声音清晰、动听，富有感染力和美感	10	8	6	4	

5. 历史教学设计技能

（1）考核目的。

新课程改革背景下的历史教学，除了要求学生掌握一般的学科知识，更强调教师在教学过程中关注学生的情感发展、价值观形成以及历史思维能力与方法的培养。

（2）考核方式与要求。

根据指定中学历史教材中的教学内容（1课时，45分钟）撰写教学设计一例。

（3）考核学期。

第三学年（第五学期）。

（4）评价标准，见表2.5。

表 2.5 历史教学设计评价标准

项目	内容	评价标准	A	B	C	D	得分
教学目标设计 15分	目标的表述	教学目标清楚，易于理解，便于实施	5	4	3	2	
	目标的符合性	符合课程标准要求，符合学科的特点，符合学生的实际状况	5	4	3	2	
	目标的体现性	体现对学生知识、能力、思想与创造性思维等方面的培养要求	5	4	3	2	
教学方法设计 20分	方法选择	教学方法描述清晰，选用适当。符合教学对象的要求，有利于教学内容的完成，有利于教学难点的解决，有利于教学重点的突出	10	8	6	4	
	教学手段	教学辅助手段准备与使用说明清晰，教具及现代化教学手段运用恰当	10	8	6	4	
教学过程与环节设计 40分	教学思路	教学主线描述清晰，教学内容符合课程标准要求，具有较强的系统性和逻辑性	8	6	4	2	
	内容呈现次序	注重新旧知识的关联，体现知识的发生与发展过程	4	3	2	1	
	突出重点	重点得到突出，点面结合，深浅适度	4	3	2	1	
	突破难点	难点描述清楚，把握准确，能够化难为易，以简代繁，处理恰当	4	3	2	1	
	教学环节	内容充实精要，适合学生的理解水平；层次与结构合理，过度自然，步骤清晰，便于操作；能够理论实际，注重教学互动，启发学生思考，培养学生分析问题、解决问题的能力；板书设计结构合理，内容准确	20	16	12	8	

续表 2.5

项目	内容	评价标准	等级 A	B	C	D	得分
课时分配与课后延伸设计 15分	课时分配	课时分配科学、合理，符合教学目标的要求	5	4	3	2	
	章节总结	有完整的章、节课堂教学小结	5	4	3	2	
	作业与答疑	辅导与答疑设置合理，符合学生学习状况；练习、作业、讨论安排符合教学目标，能够强化学生反思能力，加深学生对课业的理解，提高学生分析问题、解决问题的能力	5	4	3	2	
文档规范 10分	排版	文档结构完整，布局合理，格式美观整齐	5	4	3	2	
	内容	文字、符号、单位和公式符合国家标准规范；语言清晰、简洁、明了，字体运用适当，图表运用恰当	5	4	3	2	

6. 课堂教学技能考核

（1）考核目的。

使学生了解课堂教学中基本教学技能的类型，理解各项基本教学技能的概念，掌握各项教学技能的执行程序和要求，通过训练能根据教学任务和学生特点把教学技能应用于教学实践。

（2）考核方式与要求。

根据中学历史教材中某一内容的教学任务，分析教材内容，结合学生的特点和教材的育人功能进行时间为40分钟左右的授课。注意在规定时间内，保证教学环节完整、重点、难点突出，最大限度地调动学生的参与意识和学习的积极性。

（3）考核学期。

第三学年（第六学期）。

（4）评价标准，见表2.6。

表2.6 课堂教学技能评价标准

项目	评价标准	等级 A	B	C	D	得分
导入技能 10分	1. 导入能创设良好的学习情景	3.0	2.4	1.8	1.2	
	2. 能激发学生学习兴趣和积极性	4.0	3.2	2.4	1.6	
	3. 导入与新知识联系紧密	3.0	2.4	1.8	1.2	

续表 2.6

项目	评价标准	等级 A	B	C	D	得分
教学语言技能 20 分	1. 语言表达的内容正确，无科学性错误	5.0	4.0	3.0	2.0	
	2. 语言表达有条理，逻辑严密	5.0	4.0	3.0	2.0	
	3. 语言形象、生动、有趣、简洁，语言与眼神、手势密切配合	5.0	4.0	3.0	2.0	
	4. 吐字清晰，通顺连贯，普通话标准	5.0	4.0	3.0	2.0	
讲解技能 30 分	1. 讲解的内容符合学生实际水平与认知规律	6.0	4.8	3.6	2.4	
	2. 讲解时突出重点，详略得当，揭示本质。条理清晰，逻辑性强	6.0	4.8	3.6	2.4	
	3. 讲解具有启发性能激发学生思考	6.0	4.8	3.6	2.4	
	4. 善于运用比较分析、综合概括、逻辑推理等方法	6.0	4.8	3.6	2.4	
	5. 讲解中注意发展学生多种能力	6.0	4.8	3.6	2.4	
组织教学技能 10 分	1. 教学过程生动活泼时间安排合理，教学过程生动活泼时间安排合理	5.0	4.0	3.0	2.0	
	2. 及时运用反馈调整控制教学好，师生关系融洽，相互作用好	5.0	4.0	3.0	2.0	
板书 15 分	1. 准确运用文字、图形、线条、符号等勾勒讲授提纲	5.0	4.0	3.0	2.0	
	2. 呈现教学主要内容、重点、难点、教学目标和要求	5.0	4.0	3.0	2.0	
	3. 文字书写准确，大小、轻重、疏密合适。字迹工整、美观	5.0	4.0	3.0	2.0	
其他 15 分	提问技能、变化技能、强化技能、演示技能、课堂结束技能等运用恰当	15	12	9.0	6.0	

7. 说课技能考核

（1）考核目的。

通过训练使学生了解说课的原则、内容、方法及基本要求，掌握说课稿的撰写技能，并能根据说课稿实施说课，从而增强学生的教学基本功，发展和提高教学技能。

（2）考核方式与要求。

根据中学历史教材中某一内容的教学任务（1 课时），要求在两个小时完成说课稿的撰写或说课课件的制作，并进行 15 分钟的说课。

（3）考核学期。

第三学年（第六学期）。

（4）评价标准，见表 2.7。

表 2.7 说课评价标准

项目	内容	评分标准	等级 A	B	C	D	得分
教学内容 15分	教学内容与任务分析	明确教学内容的地位、作用，知识结构分析清晰、正确。教学任务分析正确	5.0	4.0	3.0	2.0	
	教学目标	目标设置明确，要求具体，符合大纲要求和学生的实际	5.0	4.0	3.0	2.0	
	教学重点、难点	说明教学重点、难点及确定的依据	5.0	4.0	3.0	2.0	
教法学法 15分	学情分析	学习者的起点水平、动机、认知特点和学习风格等分析正确	5.0	4.0	3.0	2.0	
	学法	说明所选择学法指导的依据，学法指导恰当，有利于培养学生自学能力	5.0	4.0	3.0	2.0	
	教法	说明所选择的教法的依据，处理教与学、知识与能力的关系，突出自主、探究、合作学习，体现多元化学习方法；实现有效地师生互动	5.0	4.0	3.0	2.0	
教学程序 40分	教学环节	教学情境创设有新意，正确体现目标，内容充实、适当，环节清晰，过渡自然，有效引导学生参与，启发学生思考，呈现方式合理	15	12	9.0	6.0	
	学习方式	体现新课程理念，运用学习方式适当、正确，体现学习者特征	5.0	4.0	3.0	2.0	
	教学方法	能突出重点，突破难点，突出学科教学特点，符合学习者特征	10	8.0	6.0	4.0	
	媒体运用和资源开发	媒体运用恰当，有利于教学的实施、目标的实现，能开发教学资源	5.0	4.0	3.0	2.0	
	形成性评价	将教学评价作为教学活动的一部分，体现在教学环节中。作业量适当	5.0	4.0	3.0	2.0	
板书设计 15分	内容匹配	反映教学设计意图，突显重点、难点，能调动学生主动性和积极性	5.0	4.0	3.0	2.0	
	构图	构思巧妙，富有创意，构图自然，形象直观，教学辅助作用显著	5.0	4.0	3.0	2.0	
	书写	书写快速流畅，字形大小适度，清楚整洁，美观大方，不写错别字	5.0	4.0	3.0	2.0	
教师基本素养 15分	语言表达	语言清晰、简洁，运用得当。语速适中，语调起伏有变化，富有感染力。说课时关注听众反应	10	8.0	6.0	4.0	
	体态表达	体态大方，手势恰当不做作	5.0	4.0	3.0	2.0	

8. 听课、评课技能考核

(1) 考核目的。

通过训练使学生懂得运用专业知识和教育教学理论知识对被听课者做出一些定量或定性的评价,了解被听课者成功的地方与不足的地方,掌握听课评课的技能技巧。

(2) 考核方式与要求。

用50分钟观看一段历史课堂教学录像片段,撰写一篇教学反思或评课记录。

(3) 考核学期。

第三学年(第六学期)。

(4) 评价标准,见表2.8。

表2.8 听课、评课评价标准

项目	内容	评分标准	A	B	C	D	得分
教学目标及教材处理40分	教学目标	知识、能力、情感态度价值观目标明确、恰当;教学目标面向全体学生	20	16	12	8	
	教材处理	准确确定教学重点与难点;训练项目落实,教学内容详略得当	20	16	12	8	
教学策略的设计与实施60分	教学程序	教学活动环环相扣,合理有序,时间分配恰当,不拖堂;教学程序符合学生认知和发展规律,反馈及时,调控有力	30	24	18	12	
	教学方法	教学方法灵活多样,能吸引学生参与突出重点,突破难点方法得当注重学法指导,培养学习习惯和自学能力	15	12	9.0	6.0	
	教学环境	师生关系和谐平等,课堂气氛活跃;恰当选择、熟练运用媒体,效果好;生生交流与合作互助	15	12	9.0	6.0	

四、历史学专业师范生教育实践指导手册

就历史学专业师范生见习、实习、研习环节目的、内容、要求等加以指导,帮助师范生了解教育实践全程,并有效实施。

(一)教育见习

1. 见习目的

通过教育见习,学生能够理论联系实际,在实践中运用所学的知识。在政治思想上、业务能力上得到初步锻炼,体验和感受老师职业的光荣感和责任感,自觉加强师德修养,树立正确的教育思想,初步了解和熟悉教育教学工作的基本规律和方法,从

而为毕业教育实习打下良好的基础。

2. 见习内容

（1）请有经验的中学教师为见习生作报告。

（2）认真听课，熟悉教学工作和班主任工作，帮助指导教师批改作业。有条件的同学最好协助班主任组织一次主题班会、技能比赛、知识竞赛等。

（3）见习期间，以听课为主，认真作好听课笔记，每人听课不得少于10节，见习结束后，上交听课笔记，写好见习个人总结。

（4）组织师范生参加中学历史教研活动：请有经验的教师为见习生上一堂研讨课，并开展评课活动，见习生参与其中。

（5）利用自修课，深入班级辅导答疑，了解学生的基本情况。可根据见习班级情况，写一份调查报告。

3. 见习总结

为了加强对师范生技能的训练，学生必须参加教育见习活动，每学年1次，每次1周。历史学专业的教育见习各学年的要求如下：

（1）第一、二学年教育见习分别安排在第二、四学期进行。主要任务是到中学去，了解中学教育的一些基本情况，以听课为主，与历史教师交流，了解中学历史教学的任务、教学方法等。和中学班主任交流，了解班主任工作的基本要求。见习回来后，上交听课笔记，写好见习总结。

（2）第三学年的教育见习安排在第六学期。请有经验的中学教师为见习生作报告；继续到中学听课，在此基础上，重点组织师范生参加中学历史教研活动，分别请有经验的中学历史教师和见习生各上一节研讨课，并开展评课活动，见习生参与其中，以便更好地学习。

（3）实习前进行不少于两个星期的试讲，并对学生的师范生技能进行测试，测试不合格者不能参加教育实习。试讲和技能测试安排在第六学期。

（4）进入实习学校后，见习阶段的主要内容有：

① 听实习学校领导介绍学校基本情况。

② 听取优秀教师的先进事迹介绍和优秀班主任的工作经验介绍。

③ 听取原班主任介绍实习班级工作计划及学生思想、学习等情况。

④ 观摩实习学校教师3~5节示范课，随班听原任课教师的课。

⑤ 熟悉班级情况，并在带队教师指导下备课、试讲。

（二）教育实习

1. 教育实习的准备

（1）思想准备。

教育实习，学生第一次走出校园走上讲台，所以有一定的心理压力在所难免。为了能够更好完成实习任务,需要有充分的思想准备,要有不怕苦不怕累的精神。
（2）能力准备。

首先,认真备课,钻研教材。编写好中学历史的教案,梳理知识点,区分重难点,对教学方法做好规划。

其次,加紧巩固基本师范技能。针对薄弱环节,强化训练;同学们互相交流,了解自己的不足,取长补短,不断提高自身的教学能力。

2. 教育实习的目的

（1）使学生在教育实习中受到深刻的思想教育和道德教育,体验和感受教师职业的光荣感和使命感,增强从事教育工作的事业心和责任感,进一步巩固专业思想。

（2）使学生将所学的教育基础理论、基本知识和基本技能综合运用于教育教学实践,促进理论与实际的有机结合,锻炼并提高从事基础教育中的历史教学独立工作能力。

（3）了解目前基础教育中历史教学的现状,了解基础教育实施素质教育和新课程改革的动态,并把新的教育、教学改革信息及课改理论,运用于教育教学实践,树立教育教学创新意识。

（4）让学生对基础教育、教学的一些问题进行调查研究,使学生掌握调查研究的基本方法,培养调查研究的初步能力。

（5）通过实习,全面检验我系历史学专业的办学思想和教学质量,及时获得反馈信息,改进我系历史学专业的教育教学工作。

3. 教育实习的内容

（1）教学工作的实习。
① 实习内容。

实习内容包括:备课;上课;听课与评议;课后辅导、作业批改与讲评;考试与成绩评定;组织课外活动;进行教学专题总结等。
② 实习要求。

第一,备课。实习生应在原任课教师指导下,认真细致地钻研各学科的课程标准和教材,熟悉教学内容,明确任教课题及本单元内容在教学大纲中的地位和作用;了解学生原有的知识、技能水平、思想状况、学习兴趣、方法和习惯,特别要了解与本课题的知识、技能教学直接相关的情况;在掌握教材内容和了解学生学习特点的基础上,确定本堂课的教学目标、重点、难点、教学方法、手段及教学过程安排(含时间分配);并考虑教具的采用、制作,练习的内容和方式,板书的设计及演示程序,布置的作业等。

第二,编写教案。教案要写明课题、教学目标、教学内容、教学方法、所用的现代教育技术、教具的准备及教学过程。

第三,严格程序。实习生应先将自己拟编的教案设想向指导教师口头汇报并征求意见，然后修改为正式的教案，在上课前二天送原任课教师审批，经签字同意后，方可到班上课。并尽可能在正式上课前进行试教。

第四，上课。实习生应根据教材、教案的要求和试讲的经验，贯彻教学原则，结合学生年龄特征和实际水平，努力把课上好。为此，必须做到：认真做好上课前的一切准备工作（物质准备和精神准备）；上课时要做好组织教学工作。努力以各种方式创造性地贯穿于整个教学过程中，保证课堂教学在紧张、严肃、生动、活泼的气氛中进行，教学过程中要注意掌握时间；上课时要注意态度的从容、大方、镇静，要用恰当姿势帮助说话。板书、板画要清楚，布局适当。应积极使用现代教学手段，演示教具和实验的操作要纯熟、准确、有效，在进行具有一定危险性实验时要十分注意安全；实习生必须使用普通话进行教学，注意教学语言的简洁、生动、明确、通俗易懂，杜绝方言，减少"语病"，板书要清楚、工整、无笔顺、笔画错误，不写错别字；注意运用启发式教学和巩固性原则。实习生在讲课中应恰当地启发学生的思维活动，鼓励学生创造性地发挥，同时应随时使用适当的方式帮助学生巩固知识，课堂提问要给学生回答问题的思考时间，对学生回答评价要中肯，指明正误及努力方向；注意与原任教师和前后上课的实习同学搞好教学上的衔接工作。

③ 听课和评议。

实习生要虚心学习，经常听实习学校原任课教师或其他教师或在同校实习的同学上课，做好听课笔记，总听课时数不少于20节；实习生在课后，应主动、虚心地征求指导教师的意见，并重视中学生的信息反馈，认真地做好自我分析和评议，并力求提高到理论高度上进行分析和评议。

指导教师要听实习生的课，对每一位实习生，应经常组织课后评议活动，运用教育理论评析上课情况，帮助实习生改进教学，提高水平；对每一实习生的课堂教学进行评议时，应从该实习生本身的实际水平及具体条件出发，不能脱离实际过高的要求，以免影响实习生的自信心。

④ 作业与辅导。

要精心选择并设计课内外作业，分量恰当，难度适当，完成作业的时间适度；布置和批改作业，要着眼于巩固学生知识、培养技能，尤应注意发展学生的智力和创造才能；对布置的作业要及时检查，认真批改，并分析研究学生完成本次作业的优缺点，做好作业讲评；对作业中的疑难问题，要事先进行研究，得出正确的答案，必要时请指导教师把关；辅导学生时要深入到班级中去，根据学生差异因材施教，做到有的放矢进行辅导；协助指导教师做好学生的自习课辅导、批改作业、评阅试卷等教学环节的工作。

（2）班主任工作的实习。

① 实习内容。

进一步了解班主任在学校工作中的地位、作用和重要意义，熟悉班主任的具体职责；掌握中学班主任工作的基本内容和特点，学习运用教育理论指导班主任工作的科学方式方法；培养热爱学生、为人师表的职业道德素养和独立从事班主任工作的能力。

②实习要求。

每位实习生应进行班级日常管理工作;熟悉并掌握实习学校在班级管理方面的具体要求,熟悉学生日常行为规范;做好班主任的日常工作,利用各种机会深入到学生中去,发现问题,及时教育。参加诸如升旗、早操、课间操、眼保健操、自修课、社会实践等活动,指导读报、编黑板报、文体活动、班队活动、检查教室日志、批改学生周记等;重视培养学生自治、自理、自立的能力,使每一个学生都成为班集体的主人。

实习生应在原班主任的指导下设计、组织一次主题班会:

精心选择并确定班会的主题,要求积极健康向上,富有针对性和教育意义;活动形式要多样,做到生动活泼;事先要做好思想发动工作,培养骨干,做好物质、精神两方面的准备;注重学生的自我教育,使班级的每一个学生都参与到活动中来;主题班会后,实习生要及时收集信息反馈,认真总结,扩大教育效果。

进行个别学生的教育工作:按实习要求,实习生应有选择地对1～3名学生进行较具体的了解和研究。并负责一个优秀生或后进生的个别教育活动,进行家访,了解其学校情况、思想特点、健康状况、行为习性等,有针对性地进行教育和帮助。

③班主任实习的工作步骤。

见习期间,认真学习原班主任的工作方法与经验,听取有关班级情况的介绍,了解本学期班主任工作计划,查阅有关学生学籍资料等,明确班主任工作的目标要求。

了解、研究所实习的班级集体和全班学生。内容包括班级一般情况,男女学生身体健康和身心发展状况,德、智、体的基本表现情况,班级的传统和作风倾向,干部情况,发展趋向和当前突出的矛盾等。

根据原班主任的工作计划,结合实际情况,拟定班主任工作实习计划,送原班主任和指导教师批准后执行。

在实习班主任工作中,遇到问题应及时向原班主任汇报请示,共同研究,以做到相互配合,保证教育要求的一致。

实习班主任工作期间,要记好工作日记,注意积累有关教育活动资料。

做好班主任工作实习的评议与总结。

④教育教学研究活动和学校教育教学行政管理工作实习。

实习生在实习期间还应积极参加实习学校的各项教育教学研究活动和业务学习。也可进行学校教育教学行政管理方面的实习,初步了解基础教育行政管理工作的特点,学习学校教育教学后勤管理等方面知识和技能,培养管理能力。

(三)教育研习

1. 研习目的与意义

教育研习重在对师范生实习过程的反思与研究,应该结合学科教学的新理念、新思想、新方法、新技术以及新课程的实施要求,通过实习经验交流、教学设计研讨、课堂观察评议、主题班会研讨和教育科研报告研讨等多种途径，对师范生实习过程中的教育教学行为加以分析、探究与评价，以达到经验交流与反思、合作分析与探讨、及时总结与提升的目的。

通过教育研习，学生应达到如下目标：

（1）了解教育实习的主要功能与特点，知道自身在教育实习过程中的主要收获与不足。

（2）通过教学设计研讨、课堂观察评议和主题班会研讨等途径，反思自身在教案编写、教学环节设计、教学语言、板书图示、资源开发、媒体运用、应变技巧等教学技能、方法策略等方面存在的不足，弥补专业知识的缺陷，提升教育教学的理念。

（3）通过教育报告研讨，发现教育教学中有研究价值的重要问题及相应的调查、研究方法，提升教学反思与教育研究的意识。

（4）应用相关的评价分析表进行自我评价与同伴互评，并及时反思改进。

2. 研习内容

（1）教育实习经验交流。

① 教学工作的成就与不足。

② 班级管理工作的成就与不足。

③ 教育调查研究的成就与不足。

④ 小组实习指导与管理的成就与不足。

（2）教学设计文本研讨。

① 教案设计文本规范性分析。

② 教学思路及理由研讨（导入、展开、强化、收束及过渡语等）。

③ 教学重点与难点研讨（重点难点的合理性，突出重、难点的方式方法等）。

④ 教学目标与理念研讨（目标的预设与生成，理念的运用与体现等）。

（3）课堂教学观察评议。

① 教学技能研讨（语言、板书图示、教态、课件运用、资源运用、课堂提问等技能的合理性）。

② 教学方法研讨（讲授、提问、阅读指导、材料分析、情境创设、问题讨论等教学方法的合理性）。

③ 教学策略研讨（教学过渡、方法引导、机智应变、偶发事件处理等策略的合理性）。

④ 教学效果研讨（重点难点的解决、教学目标的达成、教学理念的渗透）。

（4）主题班会评议。

① 班会设计探讨（主题、思路、课件辅助、活动准备等）。

② 教学方法研讨（讲授、提问、情境创设、问题讨论等教学方法的合理性）。

③ 教学策略研讨（教学过渡、方法引导、机智应变、偶发事件处理等策略的合理性）。

④教学效果研讨（重点难点的解决、教学目标的达成、教育理念的渗透）。
（5）教育科研报告研讨。
①选题意义探讨。
②研究（调查）设计研讨。
③研究（调查）过程研讨。
④结果表述研讨。

3. 研习总结与考核

（1）研习指导教师要对实习生的研习情况进行宏观把握，引导学生观察分析同课同构、同课异构、异课同构等课堂教学的不同效果以及科研报告中同一问题的不同研究方法与效果，并据此进行一些比较深入的专题研究，以增进教学研究与科学研究的实效。

（2）研习指导教师可根据学科特点和单位时间，具体安排所负责小组的研习内容。一般而言，研习的侧重点在于教学设计文本研讨与课堂教学观察评议两大部分，即对学生上交的教案文本与教学视频进行研究。研习结束后，实习生需要上交研习报告一份。

（3）教育研习的成绩按照优秀、良好、及格与不合格四级计分制评定，见表2.9。

表2.9 教育研习成绩评价表

参考指标	评定等级与分数			
	A（90~100）	B（80~89）	C（70~79）	D（0~69）
选题意义	与学科教学密切相关，具有相当的先进性，合适的深度和难度，能结合生产实际和科研实践进行，现实意义明显	能反映学科教学的主要内容，具有一定的深度和难度，有现实意义	属于学科教学的业务范围，深度和难度一般	与学科教学的业务范围有某种关联但不够明确，或者没有关联
研究设计	研究方案合理，观点正确，见解独特、富有新意，或对问题有深刻的分析，有较高的学术价值或较强的应用价值；研究方法切实可行	研究方案合理，观点正确，见解较有新意、对问题分析较为深入，有一定的学术价值或应用价值；研究方法基本可行	研究方案较合理，观点明确，有一定的实际意义和应用价值，但对问题的分析不够深入，研究方法有一些局限	研究方案见解一般、立意不新，对问题的分析虽无深度但尚全面；研究方法基本不可行

续表 2.9

参考指标	评定等级与分数			
	A（90~100）	B（80~89）	C（70~79）	D（0~69）
研究过程	能熟练地综合运用教育教学理论，原始资料真实可信，实验数据准确、可靠，有较强的实际动手能力，以及分析问题、解决问题的能力	能熟练地掌握和运用有关理论，表述概念正确；较好地收集了各种原始资料与数据，有一定的实际动手能力，以及一定的分析问题、解决问题的能力	能较好地掌握和运用有关基本理论，表述概念基本正确；基本上收集了原始资料与数据；实际动手能力以及分析问题、解决问题的能力一般	能基本掌握和运用基本理论知识，表述概念无大错误；基本上收集了原始资料与数据；实际动手能力差，分析问题、解决问题的能力不强
结果表述	结论表述符合规范，逻辑清晰，明确具体，对解决教育教学中的实际问题具有较强的参考价值与借鉴作用	结论表述符合规范，逻辑上不够清晰，对解决教育教学中的实际问题具有一定的参考价值与借鉴作用	结论表述基本上符合规范，但不够明确具体，对解决教育教学中的实际问题有一些启示	结论表述基本上不符合规范，也不明确具体，对解决教育教学中的实际问题有一些启示

第三章　中学历史课堂教学技能课例教学

一、教学设计技能

教学设计是根据课程标准的要求和教学对象的特点,将教学诸要素有序安排,确定合适的教学方案的设想和计划。教学设计的目的是帮助学生的学习。如果缺乏事先精心的设计与规划,即使教师再有水平,出口成章,声情并茂,滔滔不绝,那也只是教师个人的表演;虽然可能会对一些学生的发展产生影响,但这种影响毕竟有限。只有精心设计,避免随心所欲,才能帮助每一个学生在更接近于自己才能与特点的地方,按照自己的方向获得尽可能充分的发展。

（一）教学设计的流程

1. 学情分析

确定学生初始能力,了解学生一般特征,分析学习风格;分析学生的实际情况与期望水平之间的差距,把学习内容分解成很多具体的目标。解决"学什么"的问题。

2. 教材分析

判断内容类型,如该课属于广义知识课还是情感态度课。分析教学要点,包括知识技能、过程方法、情感态度价值观及学科要素等。根据课程标准的要求,具体考虑如何选择和安排教学内容。解决"教什么"的问题。

3. 陈述教学目标

将三维目标（知识与能力、过程与方法、情感态度价值观）、重点及难点,用一种非常明确、具体的,可以观察和测定的行为术语,准确地表达出来,形成一个目标体系。

4. 设置教学事项

围绕目标,围绕核心问题,建立教学活动程序,将问题、任务、活动、作业做精细化处理。解决"怎么教"的问题。

5. 选择方法策略

选择教学组织形式（个人、双人、小组、全班）,解决"怎么学"的问题。

6. 书写教学方案

教案格式前使用最多的是叙述式、表格式、图文结构式三种。注意细节处理,包括导入、布置任务、活动、作业、提问、缓冲、向度调控、举例、过渡与承接、流程检测、即时反馈、纠错、评价反思、结课等。

7. 实施课堂教学

要不断追问:"我的课堂有效吗？有趣吗？省时吗？"

8. 测评

评价标准是学习目标，评价对象包括教师"教"的行为和学生"学"的行为，评价类型可分为诊断性评价、形成性评价、总结性评价，评价目的是了解是否达到学习目标，确定"效果如何"。

9. 结束或者修改

根据评价提供的反馈信息，对模式中的各个步骤进行重新审查和修改。要特别注意检验"阐明学习目标"和"制订教学策略"这两个步骤。如果教学目标已经实现，则暂时结束该设计，否则找出不良原因，提出补救措施重新修改教学设计。

综合以上，教学设计的基本流程见图3.1。

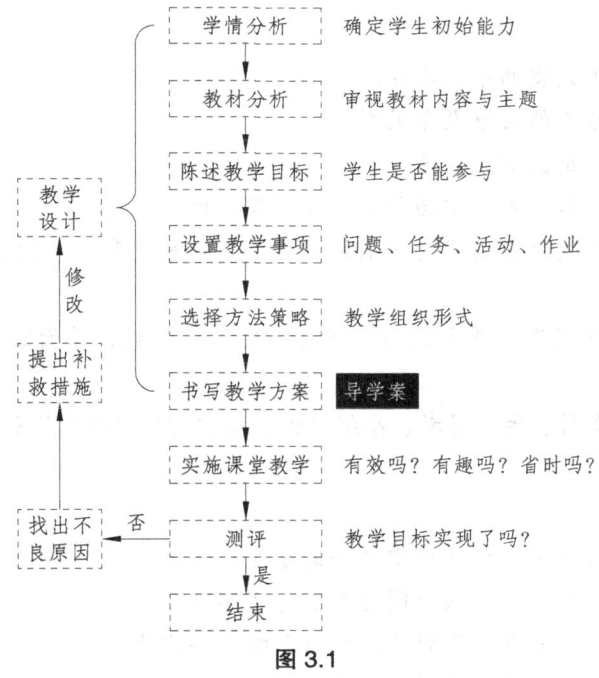

图 3.1

（二）教学设计的格式

教学设计格式有叙述式、表格式、图文结构式、流程纲要式、图文结构式、模块过程式、传统详案式等。其中前三种为目前常用格式。

1. 叙述式教学设计课例

石景山杨庄中学王巧兰老师的《走进"纸"世界》

一、概述

《走进"纸"世界》是一堂关于纸的世界的主题课,本主题源自人教版新课标教材《中国历史》七年级上册第三单元《统一国家的建立》下第16课《昌盛的秦汉文化(一)》。把"造纸术"定为主题是基于以下两点原因:一是造纸术不仅是中国古代四大发明之一,而且代表着秦汉科技发展水平。而教材对造纸术的介绍比较简单,学生学了之后,难以对造纸术的发展历程、影响等形成完整、清晰的认识。二是纸在我们今天的生活中非常重要,在人类滥用自然资源、地球面临生态危机的今天,从科学技术和历史文化的角度回顾纸的发展,学生体会到的不仅是造纸术的过去,还可以从中反思现代人对待纸和自然资源的态度等。

本节课重在借助计算机网络创设的丰富历史情境,引导学生跨越历史时空,多角度地探究造纸术的发展历程,在探究中认识体会造纸术对中国和世界文明发展的影响。

二、学习目标分析

1. 知识与技能

(1)能归纳出古人发明纸的原因。

(2)阐述说明蔡伦的贡献及蔡侯纸的优点。

(3)能说出汉代造纸的主要流程。

(4)分析归纳出造纸术对中国和世界文明发展的作用。

(5)通过谈学习这节课的感受,锻炼独立性、发散性和创新性思维的能力。

2. 过程与方法

(1)通过观察汉代造纸图及说出汉代造纸的主要流程,从而初步掌握识读历史图片的基本技能。

(2)通过收集资料、独立思考、小组讨论,能够对历史现象进行初步的归纳、比较和概括。

三、学习者特征分析

- 学生是北京石景山区杨庄中学初一的学生
- 学生以形象思维为主,认识问题的能力还不高
- 学生尚未学习世界史,理解造纸术的影响有一定难度
- 学生具有好表现、思维活跃等特点
- 学生具有半学期的在网络学习环境下学习的经验,计算机操作熟练,具有初步的网上学习的技能
- 学生具有自主探究和合作学习的经验和能力

四、教学策略的选择

- 问题激发策略：给学生提供一系列的问题，激发学生的兴趣和好奇心
- 提供丰富的意义建构材料的策略：利用主题资源网站，给学生提供大量的相关历史资源
- 自主探究策略：学生带着问题进入历史情境，展开历史想象，尝试提出问题并参与问题探究，主动获取知识

五、资源

- 人教版新课标教材《中国历史》七年级上册
- 专门为这节课制作的专题网站——《走进"纸"世界》
- 网络教室

六、教学过程

教师活动	学生活动	媒体
一、导入 猜谜语： 生得轻巧白净 中国制造发明 传播文化知识 深受人类欢迎 由此引入话题：大家知道纸是哪国发明的吗？这节课我们就来学习中国古代四大发明之一——造纸术	获取信息，判断，根据所了解的知识回答	计算机演示文稿
二、小组合作探究 设问：关于造纸术，大家知道哪些？	自由发言，根据所了解的知识回答	
进一步启发：还想了解什么？ 启发、鼓励学生提出问题 归纳、概括学生提出问题	提出自己最感兴趣的问题（意图：培养学生的问题意识）	网页资料（关于纸世界的主题资源）
指导学生分组选择问题，带着问题，阅读网页内容 指导学生合作探究	学生自愿组合成小组，以组为单位，自主选择一个问题，带着问题阅读网页内容后，合作探究问题（意图：培养学生合作学习的意识和问题意识）	
组织、参与学生的交流 及时作出鼓励性评价	小组派代表发言，交流探究问题的结果；小组之间可以互相补充	

教师活动	学生活动	媒体
总结：造纸术，作为中国古代四大发明之一，不仅代表了秦汉科技的发展水平，而且从它的发展历程中，我们可以看到：纸从无到有，从简单制作到技术成熟，从历朝官廷奢侈品到现代日常生活用品，每一点进步都凝聚着人类的智慧 三、反思 设问：大家反思这节课所学内容，你从中感受到了什么呢？ 小结：略 四、延伸 提出问题，激发学生课后探究 问题： 1. 你能举出五种日常生活中常见的纸制成品吗？假若这个世界没有了纸，你的生活会有什么不一样？ 2. 怎样能使一张白纸更有价值？你在学习中是怎样使用纸的？ 3. 在造纸业的发展进程中，古人遭遇到哪些问题？是如何解决的？今天人们又面临着哪些新的问题？提出你的建议。 五、网上讨论 李先生认为，资讯技术日新月异，电子档案和互联网将会代替纸作为记事工具。你是否同意他的观点？为什么？	各抒己见（意图：通过谈自己的感受，锻炼学生独立性、发散性和创新性思维的能力） 以组的形式，自主选择其中的一个问题，课下利用网站内容或收集资料，合作探究，并把成果传到网站中"探究空间"的作品展示里 交流	 网页、网上交流平台

七、总结与评价

课堂中教师对学生的学习、探究、讨论、课堂发言等给予及时的评价、引导和总结；课堂结束时，教师引导学生进行本次课综合性总结；课后，学生之间相互评价网上的讨论发言，教师给予引导与总评，并且对课堂延伸部分提出的几个问题的探究情况作评价。

【课例评析】

上面这个叙述式教学设计案例，比表格式教学设计案例要显得饱满，有利于教师比较充分地表达自己对教学设计的想法。案例中教学目标表述非常准确，教学策略的选择符合学情，教师与学生的双边活动非常清晰，体现了学生"学"的主动性与主体性。

2. 表格式教学设计课例

学科：<u>历史</u>　　授课年级：<u>高一</u>　　学校：<u>××高级中学</u>　　教师姓名：<u>夏××</u>	
章节名称	导言课：认识历史课程　　计划学时　　一课时
学习内容分析	这是一个初高中衔接课，旨在帮助学生认识高中历史课程的特点和学习方法。
学习者分析	高一新生对高中历史课程有一定兴趣，初步具有探索人类历史发展中出现的问题的意识。但学生在初中的通史基础较为薄弱，对高中历史专题史编写方式比较陌生，学习历史的方法还停留在死记硬背和听故事的层面
教学目标	课程标准：帮助学生认识历史学习的价值，了解高中历史新课程，掌握相应的历史学习方法，做好高中历史学习的心理准备 知识与技能：能区分历史史实与历史解释；知道通史与专题史都是历史阐释方式；了解必修一主要章节 过程与方法：感受历史的智慧和历史思维的巨大魅力 情感、态度与价值观：明白历史学习的价值，感受读史使人明智，学会明智地读史
教学重点及解决措施	重点：历史学习的价值 解决措施：从学生熟悉的事物着手，采取学生自由讨论的方式，引起学生的思考，认识生活之中处处皆有历史，历史的教育价值在于培养有自信力的现代社会公民
教学难点及解决措施	难点：历史事实与历史解释、专题史学习方法的探索 解决措施：从学生熟悉的历史事件入手分析，由于阶级立场、时代和价值观的不同对同一客观事物产生的不同评价；梳理必修一知识纲目，初步认识专题史的编排体例
教学设计思路	本课主要分为以下几个部分： 1. 让学生说说生活中的历史，从学生熟悉的知识着手，说明生活之中处处有历史，对这些信息进行科学分类，既包括历史史实，也包括历史解释 2. 深入思考为什么要学习历史。从案例分析中得出以史为鉴的重要作用，以史为鉴是人类解决未来各种问题的依据，是培养现代公民的必备因素 3. 了解高中历史课程和历史学习的基本方法。学生分组讨论高中历史必修一（岳麓版）教材目录中所反映出来的编排顺序，探索其特点，从这些特点中感悟出历史学习的要求与方法 4. 课堂小结，教师提出学习的基本要求和目标

依据的理论	建构主义、历史主义				
教学过程					
教学环节	时间	教师活动	学生活动	教具选用	设计意图
一、生活中的历史	10分钟	1. 设问：同学们知道生活中哪些是"历史"吗？ 2. 教师打出幻灯片，根据学生所列指出生活之中无处不存在历史的影子 3. 教师设问：这些历史现象里面，哪些是具体的史实？哪些是后人的评价？	1. 学生举例回答 2. 学生观看幻灯片或影片或欣赏歌曲 3. 学生讨论、回答教师问题	计算机、投影机显示内容（邮票、歌曲、电影、文物、遗址等）	从学生身边熟悉的实物入手，寻找身边的历史，引发学习兴趣，同时提出新问题，引导学生深入思考，进行历史科学思维
二、学习历史的价值	20分钟	1. 案例一：谁更接近历史的真实？（两顶不同的八路军帽）引导学生根据历史知识进行判断，从而感悟"读史使人明智" 2. 案例二：为什么不同的人对和义团会有不同的评价？从而引导学生"明智地读史"	学生观察、讨论、发言	计算机投影机显示案例	引导学生分析案例，进入深入思考
三、高中历史课程特点及学习方法	10分钟	1. 以必修一目录为依托，了解高中专题特点，并提出相应的学习方法 2. 引导学生阅读课本，组织学生分组讨论，提出具体的学习要求	学生阅读、讨论，并派代表发言	用计算机、投影机显示示意图，勾画高中历史课程的结构	形象直观地了解高中历史课程结构；具体落实学习任务，掌握一定的学习方法

【课例评析】

表格式教学设计的优点在于简洁明了，上面这一授导型教学设计，要素完整，流程设计规范，是一个很好的表格式教学设计范例。作为高一历史导言课，没有具体的教学内容，以前一般是作为师生见面课来处理，而上面这个案例将导言课设计成为初高中衔接课，立意高，从学情分析到教学内容的设计，都很有特色。从学生身边熟悉的事物着手，让学生寻找身边的历史，有利于拉近师生关系，有助于增强学生对历史的兴趣，进而就学习历史的价值与功能进行了较深入的探讨，使得导言课有了层次，最后联系即将学习的内容，让课堂很好地回归了教材。

3. 图文结构式教学设计课例

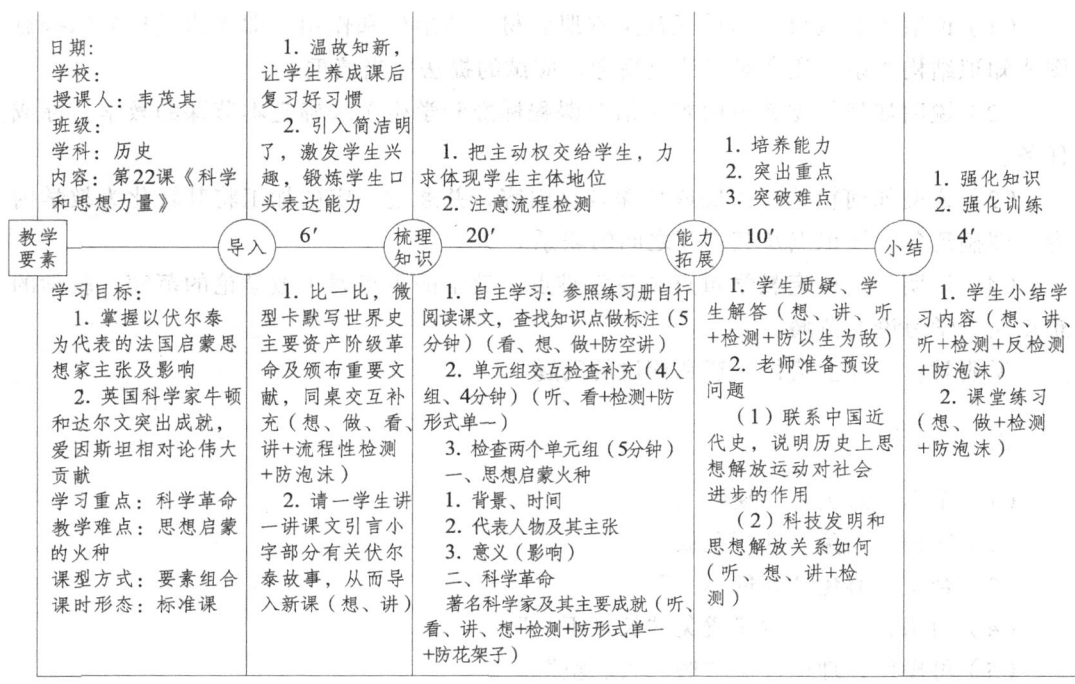

【课例评析】

本课采用图文结构式，优点在于要素齐全、流程清晰、一目了然。但本课教学设计比较偏重于知识传授，内容较抽象，学生不一定能够理解，中外历史知识联系性不够。

二、说课技能

说课是指教师运用口头语言和有关的辅助手段，向同行或教研人员述说在课堂教学中，如何以教育教学理论为指导、依据教学大纲和教材、根据学生的实际情况，进行教学设计的一种教研活动形式。简而言之，说课要解决"教什么""怎样教""为什么这样教"的问题。

说课的一般步骤：一是上课的教师通过语言表述呈现教师对具体课题的教学设计，呈现教学设计的依据；二是参加说课活动的专家和同行进行评议和讨论，提出修改和指导性意见；三是由任教教师改进和完善教学设计。

（一）说课内容

说课的内容包含：说教材、说目标、说重点、说难点、说学情、说教法、说学法、说教程（逻辑、环节、衔接、时间）、说板书、说预测。

1. 说教材

（1）说清本节教材在本单元甚至本册教材中的地位和作用，即弄清教材的编排意图或知识结构体系。注意对于涉及高考、应试的提法应当慎重。

（2）说明如何依据教材内容（结合课程标准和学生）来确定本节课的教学目标或任务。

（3）说明如何精选、扩展或加深教材内容，并通过一定的加工将其转化为教学内容，即搞清各个知识点及其相互之间的联系。

（4）说明如何确定教学重点和教学难点。教学的重点属于教学论的范畴，教学的难点属于学习论的范畴。

说明教材处理上值得注意和探讨的问题。

2. 说目标

（1）全面，避免"三缺一"。
（2）准确，避免"乱摆乱放"。
（3）合理，避免"高低不平"。
（4）简明，内容、叙述避免"长短不一"。
（5）可操作，理论避免"假、大、空"。
（6）差异性，考虑学生"参差不齐"。

3. 说学情

就是要依据学生的年龄特征和认知规律，全面客观地阐述学生已有知识和经验，说出向新的学习方法转化的切入口或途径，有助于解决"怎样学"的问题，从而实现个性发展和群体提高。应注意对于实验班、高中示范校、农村校等特殊情况的要加以陈述，以便与"说课"中的深浅相对应，体现因材施教的原则。

4. 说学法

（1）针对本节教材特点及教学目的，学生宜采用怎样的学习方法来学习它，这种学法的特点怎样？如何在课堂上操作？

（2）在本节课中，教师要做怎样的学法指导？怎样使学生在学会过程中达到会学？怎样在教学过程中恰到好处地融进学法指导？

5. 说教法

（1）要说出本节课所采用的最基本或最主要的教法及其所依据的教学原理或原则。
（2）要重点说说如何突出重点、化解难点的方法。
（3）要说明教师的教法与学生应采用的学法之间的联系。

（4）本源性知识常常采用观察、实验、讨论等方法；派生性知识一般采用讲授、讨论、自学等方法。

6．说教学过程

（1）说出教学全程的总体结构设计"教的是什么""怎样教的""为什么这样教"。

（2）重点说明教材展开的逻辑顺序、主要环节、过渡衔接、时间安排。

（3）说明如何针对课型特点及教学法要求，如何在不同教学阶段达到师与生、教与学、讲与练的协调统一。

（4）要对教学过程做出动态性预测，考虑到可能发生的变化及调整对策。

（二）说课的要求

一个优秀的说课应该达到以下要求：

1．内容

熟悉大纲，能驾驭教材分析、说理透彻，重点难点把握准确，处理得当。

2．理论依据

所述内容符合教育学、心理学的一般规律，符合学生认知规律，符合学科特点。

3．语言表述

中心突出，逻辑性强，调理清晰，层次分明，语言准确、形象、生动富有启发性和感染力。

4．其他

对所述材料有较强的取舍、处理、组织能力，知识面广。对所述问题开掘深，有独特的见解，仪表端庄大方。

（三）说课课例评析

《法国大革命》（说课稿）

尊敬的各位专家、同仁：

大家好。今天我为大家说《法国大革命》一课。我将从教材分析、教法学法、教学过程、板书设计四个方面说课。

一、教材分析

（一）教材地位

《法国大革命》一课是课标川教版九年级上册《世界近代史》第一学习主题"欧美

国家的巨变与殖民扩张"的第4课。法国大革命是继英、美资产阶级革命后一次比较彻底的革命，也是规模最大的一次。它不仅结束了法国一千多年的封建制度，而且动摇了整个欧洲大陆的封建秩序，为以后各国革命树立了榜样，在世界历史中有重要意义。

（二）课标要求及教材内容安排

课标对这部分内容的要求如下。其中前三项目标将在本节课完成。

依据课标，本课教材安排了攻占巴士底狱、《人权宣言》和共和国的诞生、拿破仑和拿破仑帝国三个子目的内容。这样的安排既体现了法国大革命发展的时序性，又体现了史实之间的逻辑联系。

科学的教学目标具有良好的导向和激励作用。根据课标要求，结合教材内容和学生实际，我拟定了如下的三维教学目标。

（三）教学目标

1. 知识与能力

通过课堂教学，让学生知道巴黎人民攻占巴士底狱揭开了法国资产阶级革命的序幕、《人权宣言》的基本内容，了解法兰西第一共和国，讲述拿破仑的主要活动。

通过理解《人权宣言》的内容，培养学生的理解能力；通过合作学习，讲述拿破仑的主要活动，培养学生语言表达和综合归纳能力。通过对拿破仑主要活动的评价，培养学生能够初步运用唯物史观分析评价历史事件和历史人物的能力。

2. 过程与方法

在感知、理解法国大革命的基本史实的过程中，掌握对历史现象进行比较、归纳的方法；在解读《人权宣言》的过程中，进一步掌握史料分析、合作探究的方法；在赏析教材插图的过程中，学习以图证史的方法。

3. 情感态度价值观

通过学习法国资产阶级革命进程中人民参与和推动革命的史实，树立"人民群众是历史的创造者"的唯物史观；

通过对拿破仑对外战争史实的分析，认识到侵略战争最终必然失败，树立"热爱和平、反对非正义战争"的思想。

在教学目标和教材内容的指引下，结合学生知识储备，我拟定了如下的教学重、难点。

（四）教学重难点及依据

重点：《人权宣言》的基本内容及影响；拿破仑主要活动及其评价。

依据：《人权宣言》是法国资产阶级革命的阶段性成果和纲领性文件，也是引导法国走向近代社会的指针，具有世界性的反封建意义。拿破仑一生的主要活动是评价拿破仑的重要载体，正确把握有利于主题活动的开展，拿破仑的内外政策深刻影响着法国和欧洲历史的发展，并对世界历史产生了重要影响。

因此，将"《人权宣言》的基本内容及影响；拿破仑主要活动及其评价"作为本课教学重点。

难点：拿破仑主要活动及评价。

依据：拿破仑的内外政策具有双重性，拿破仑称帝、实行军事独裁等活动容易导致学生对其进行全面否定，需要引导学生用历史唯物主义和辩证唯物主义的观点对拿破仑的活动进行正确分析和评价。

因此将此既作为教学重点，又作为教学难点。

二、教法学法

（一）学情分析

教育心理学研究表明：九年级的学生仍然保持着强烈的好奇心，他们感性思维较强、理性思维正在逐步形成；且学生已经学过英、美资产阶级革命，对早期资产阶级革命有一定的认识，也具备了一定程度的解析史料和评价历史人物的能力，为学习本课奠定了一定的基础。

（二）教法

根据课标要求，结合本课内容特点和学生学情，我在本课教学中充分利用现代教育技术辅助教学，注重情境创设，实践探索、归纳总结、情感升华，以启发式教学法为主，辅之讨论法、比较法、阅读指导法、观察法等。

（三）学法

我在学法指导上注重以学生为中心，指导学生在自主学习、合作探究的过程中学习历史探究方法，提高解决历史问题的能力。

三、教学过程

（一）课前准备

为了真正做到以学生为主体，我习惯于在备课前做好学情调查。这课的调查让我明确了学生的兴趣点和存在的疑惑。根据调查结果，我将自己定位为学生的"导"师：引导学生明确重点、指导历史探究方法、培养解决历史问题的能力。

（二）新课教学（38分钟）

[导入]

我抓住学生兴趣点，播放电影《博物馆奇妙夜Ⅱ》中关于拿破仑和三大恶魔的搞笑对话片断，激发学生兴趣，在开心、轻松的氛围中提问："历史上的拿破仑究竟是个什么样的人？" 设置悬念，导入新课教学。

[新课教学]

结合教材结构清晰的特点，为增强学生的参与度，我把本课设计成"法国大革命展"，将各子目教学内容融入每个展厅。我就是学生参观的导游。

第一展厅：攻占巴士底狱——情境再现，夯实基础（6分钟）

首先进入第一展厅。通过观看视频，我带领学生一起感受巴黎人民攻占巴士底狱的排山倒海的冲击。并在播放结束后回答问题，达到夯实基础的目的。

再针对两个问题指导学生进行探究式学习。

一是"大革命爆发的根本原因"。通过视频，结合教材内容与学生共同探讨得出：

封建专制制度严重阻碍资本主义的发展,是法国资产阶级革命爆发的根本原因。在此基础上,让学生回顾英、美资产阶级革命的原因,比较得出英、法、美资产阶级革命爆发的共同原因。培养学生的比较归纳能力,加深学生对早期资产阶级革命的认识。

二是"攻占巴士底狱"。我指导学生观察插图,设问:"巴黎人民为什么攻占巴士底狱?"让学生带着疑问自主学习相关内容。从而得出攻占巴士底狱的原因是:巴士底狱是封建专制统治的象征。巴黎人民攻占巴士底狱揭开了法国资产阶级革命的序幕,说明人民在革命进程中的重要作用,初步树立"人民群众是历史创造者"的唯物史观。

攻占巴士底狱揭开了法国革命的序幕,然后我将带领学生进入第二展厅,亲身体验更加波澜壮阔的法国大革命。

第二展厅:《人权宣言》和共和国的诞生——分析史料,突出重点(12分钟)

德国教育家第斯多惠说过:一个不好的教师奉献真理,一个好的教师则教人发现真理。这就要求让学生自主学习,授之以渔。

因此,这一展厅我设计了"我是小小史学家"和"图说历史"两个自主活动,让学生掌握《人权宣言》的内容、影响,法兰西第一共和国的相关史实。

第一板块:我是小小史学家。我精选《人权宣言》中的核心内容作为材料,并就此提出三个研究问题:学生结合问题,以自主学习的方式分析教材内容,再进行合作探究,并开展"比比看,谁的研究成果最优秀"的活动,让学生成为"小小史学家"。掌握《人权宣言》是资产阶级的纲领性文件,具有反封建的积极作用,它所倡导的"自由、平等"主要保障的是资产阶级的利益,具有阶级局限性。在这个过程中,以设问的方式调动学生主动学习的欲望,以合作学习营造出活跃的课堂氛围,以相互交流的形式激发出思想的火花。

再与学生一起总结史料分析的基本方法,达到授之以渔的目的。

第二板块:图说历史。文化史学家布克哈特把图像称作"人类精神过去各个发展阶段的见证",认为通过图像可以加深对历史变迁的理解。因此,我充分利用教材特色——插图和辅栏,设计"图说历史"环节。让学生图文结合的讲述共和国诞生等基础知识,理解法国革命在不断深入发展,得出法国大革命是一次比较彻底的资产阶级革命。

最后,教师设问:"雅各宾派政权被颠覆,轰轰烈烈的法国大革命落下了帷幕,法国形势急剧动荡,历史将给谁机会?"我带领学生进入第三展厅,体验法兰西第一帝国的兴起和衰亡。

第三展厅:拿破仑和拿破仑帝国——合作探究,突破难点(12分钟)

"拿破仑和拿破仑帝国"改变了法国历史,震荡了欧洲,引起了学生的浓厚兴趣。针对这个兴趣,在教学过程中,我设计了合作探究拿破仑主要活动的"三步曲"的学习模式:以学生为中心,教师为主导,学生的互帮互学为平台,让学生通过小组合作等方式获取相关知识,发展各种能力。实现新课标倡导的学生主动学习,并在多样化、开放式的学习环境中,培养实事求是的精神和探索历史问题的能力,提高创新意识和实践能力的教学理念。

具体展开教学模式如下：

第一步，序曲：梳理知识，把握基础，知道拿破仑的主要活动。

为了完成基础知识的教学，我采用了"知识马赛克"的图表教学法。让学生自主阅读教材，填充内容，知道拿破仑的主要活动的具体内容，为第二、三步活动的开展奠定基础。

第二步，主旋律：解析知识，分组探究，分析拿破仑的主要活动。

为了让学生对拿破仑主要活动的作用作出正确的分析，我提供了三个中心议题，学生用不同方式展开分析研究：

雾月政变：学生通过短剧表演的形式展现当时法国的内忧外患，揭示拿破仑上台的必然性。

拿破仑的对内措施、对外战争：将全班学生分成两个大组，合作探究拿破仑的对内措施、对外战争的作用，展开讨论，我深入两个组适时地进行正确引导，并最终推选发言人从政治、经济、军事的角度阐述小组观点，老师根据发言情况做及时补充。从而明确拿破仑的对内措施和对外战争都具有两面性。

第三步，高潮：教师点拨，突破难点，评价拿破仑的主要活动。

通过第二步的合作探究，学生对拿破仑的主要活动有了正确的认识，突破"评价拿破仑的主要活动"这个难点就水到渠成了。我针对初中学生认知水平，提示学生评价历史人物和事件的基本方法：不能脱离人物所处的时代背景；坚持历史唯物主义和辩证唯物主义的观点，让学生自由发言，展开评价。教师总结提炼，强调拿破仑战争的两个阶段和后期侵略战争与第一帝国灭亡的关系。并引导学生树立"热爱和平，反对非正义战争"的思想。如果学生在评价过程中出现对拿破仑个人评价的辩论，我将及时引导学生课后在更翔实的资料搜集基础上将辩论热情释放在教材后面的"主题活动"课中去。

留言厅——畅所欲言，心得疑问

"心得与疑问"是课标川教版教材极富特色的栏目，它有利于学生及时抒发自己的学习感想，记录自己学习的疑问，也有利于教师了解学生学习的情况，对自己的教学进行及时的反思。在本课教学中我将"心得与疑问"设计为"留言厅"，让学生在《英雄交响曲》的背景音乐中先写下自己学习本课的心得和还存在的疑惑，然后让学生畅所欲言，相互交流，教师加以引导、点拨和评价，以实现生生互动、师生互动。

[知识小结]

在完成参观后，用课堂问答的方式总结全课知识，以提纲形式展示，便于学生掌握。

（三）作业布置（2分钟）

根据本节课教学情况和学生掌握的实际，进行作业布置。

课堂完成"学习测评"的选择题，及时巩固基础知识。

"学习测评"第二题，有一定综合性，考察了学生的迁移能力和比较归纳能力，课堂完成时间不够，留到课后合作完成。

四、板书设计

本课我通过PPT设计提纲式板书，利用黑板书写副板书，伴随教学进度呈现。这样既使知识结构比较清晰，又有利于学生学习归纳总结知识的方法。

以上就是我对《法国大革命》的说课设计。在认真阅读理解教材和深刻领会课标要求的基础上，我结合川教版教材灵活、内容丰富的特点，把握学生兴趣所在，充分发挥现代教育技术辅助教学的功能，把学生活动和教材知识融为一体，力图最大限度地调动学生积极性，让这一课的教学成为以学生主动学习、自主学习、合作学习、探究学习为主的一课，使学生真正成为课堂学习的主人。

当然，由于法国大革命涉及面广，知识点多，进程复杂，一些问题在史学界争议也较大，加之本人水平有限，在讲述过程中如有不妥之处，敬请各位专家、同仁批评指正，谢谢大家。

【课例评析】

本课获得全国优质课竞赛说课组一等奖，教师完全抓住学情和教材特点，综合各种教育教学理论，按照说课的要求——有序呈现她魔术般变化的设计，其最突出的亮点是把本课设计成"法国大革命展"，将各子目教学内容融入每个展厅，是一个不可多得的优秀课例。

三、课堂教学环节处理技能

历史课堂教学是由一个个环节巧妙勾连起来的，其教学的艺术贯穿于课堂教学的全过程，在此过程中，导入、过渡和结课三个环节的教学技能技巧无疑是整个课堂教学艺术中不可缺少的重要组成部分。

（一）导入的处理

导入技能是指教师在新课正式开始前引导学生进入学习状态的一种教学技能导入，俗称开讲或开场白，它是教师激发学生兴趣、唤起学生的求知欲、诱导学生进入教学状态，从而帮助学生在接受新知识前做好心理和知识上必要准备的一种教学行为。一般而言，课堂导入具有定向集中、激励诱导、认知衔接、信息互动等功能和作用。导入的原则是具有针对性、启发性和简洁性。

历史课堂教学的导入分类方法有很多种，一般说来，大致归纳为问题式导入、材料式导入、激趣式导入、情景式导入、释题导入等方式，具体方式方法如下：

1. 直问导入法

直问导入法也称开门见山法，它是直截了当地向学生提出问题，启发学生进入新课的一种导入方法，也是教师最常用的一种导入形式。此方法开门见山，单刀直入，能迅速地集中学生注意力，使学生有了一个直接思考问题的方向。

【课例评析】

人教版七年级上册《华夏之祖》一课内容，学生比较熟悉，在导入新课时，教师不必转弯抹角，可直接提问学生：同学们，中华民族是一个重视历史的民族，我们向来以"炎黄子孙"自称，那么你们知道我们的祖先是哪些人吗？我们为什么称他为"人文之祖"？这样的导入属于直问导入法，教师通过直接提问，把学生的注意力快速转移到疑问中，使学生的学习目标清楚明确，收到开门见山之功效。

2. 温故知新法

温故知新法是指教师在上新课时，根据知识之间的逻辑关系，首先引导学生回忆已学过的历史知识，通过知识的迁移，找准新旧知识的联结点，在旧知识的基础上启发引导学生发现相关联的新问题，构建起新课与旧课之间的关系，从而引导学生承上启下地学习新授课的一种导入方法。温故知新法是历史课导入艺术中最基本也最常用的方法之一。此方法的好处是使导入由已知到未知，便于学生顺理成章地接受新授课内容。

3. 质疑启发法

它是教师根据学生的认识规律，把握知识点之间的内在联系，通过启发谈话，以质疑的方式启发诱导学生思考进而导入新课的一种方法。该方法不同于一般意义上的课堂提问导入，它不是让学生马上回答出问题的答案，也不是直接把答案教给学生，而是把思维的空间留给学生，使学生处于暂时的困惑状态，进而激发其解疑的动因和兴趣，唤起学生的积极思维，启迪他们的学习愿望和探索的欲望，使学生由被动地接受知识转变为主动地探求知识。

【课例评析】

人教版高中历史必修二《鸦片战争》一课，如何导入？教师可连续设置一系列疑问启发学生：鸦片战争前夕，中国还领先世界吗？有人说，假如没有林则徐虎门销烟，英国就不会发动侵华战争了，这种说法对不对？为什么？这样的设疑，使学生处于暂时的困惑状态，把思维的空间留给了学生，引起了学生的思维认知冲突，激发了学生的求知欲。有的学生会讲禁烟是借口，没有这个借口就找别的，或者直接发动侵略战争；有的则讲这是由当时国际、国内情况决定的。教师在肯定学生的答案后，进一步提出：这场战争爆发的必然性究竟是什么？偶然性又究竟是什么？这样的继续设疑启发，进一步唤起了学生的积极思维，实现了学生由被动接受知识向主动探求知识的心理转变，使学生在逐步质疑过程中达到了对问题认识的逐步深化，从而加深了学生对鸦片战争爆发历史背景的认识，进而顺利地进入了新课的学习。

4. 设置悬念法

中国古典章回小说里常以"欲知后事如何，且听下回分解"来设置"悬念"。亚里士多德说过："思维由惊奇和问题开始。"疑问是思考的开始，有疑问才会有思考，才会有探究。"悬念"设置就是激发学生学习动机、启迪他们求知欲望、点燃他们智慧火花、促使他们追求真知灼见的重要教学手段，也是培养学生发现问题、分析问题、解决问题能力的重要途径。在历史课堂新课导入中，教师通过制造"悬念"，于无疑处而生疑，于有疑处而思疑，可吸引学生的注意力，激发他们的兴趣和求知欲，引起他们的认知冲突，促使他们积极探索，急切地想了解新课的内容。

5. 理论导入法

它是指在新课伊始，教师先提供理论，然后再引导学生用演绎的思维方式导入新课的一种方法。此法对于知识储备有限、形象思维仍占主要地位而抽象思维能力还未完全形成的低年级学生不太适合，但对于抽象思维基本形成的高年级学生则比较有效。在历史课堂教学中，如果能"润物细无声"地将历史理论恰当地运用到新课开始之前，不仅能有效地导入新课，而且还可直接培养学生思维的深刻性。

【课例评析】

学习人教版九年级上册《法国资产阶级革命》一课时，由于学生已经从政治课上学过生产力决定生产关系，生产关系反作用于生产力的理论，而且在此之前教师也引导学生分析过英国资产阶级革命爆发的根本原因，故教师不妨直接用理论导入法：英国斯图亚特王朝的专制统治严重阻碍了英国资本主义经济的发展，这从根本上导致了英国资产阶级革命的爆发。大家都知道这实际上体现的是生产力与生产关系之间的矛盾运动。其实，今天我们即将学习的法国资产阶级革命的爆发也是如此，革命前法国社会的生产力和生产关系究竟分别是怎么样的呢？它们之间又是如何相互作用最终导致了法国资产阶级革命的爆发呢？下面我们具体来分析。这样演绎的导入方法，促使学生运用该理论解决疑问，使学生领会了教材中渗透的历史基本原理和思想，培养了中学生历史思维的深刻性，从而在解决问题的过程中导入了新课的学习。

6. 直观教具导入法

历史具有过去性的特点，但历史并没有完全消失，后人可以通过各种各样的书写记录和地下考古挖掘工作出土的历史遗迹，在某种程度上尽可能复原历史。教学实践表明：展现一些包括图片和文物模型在内的直观教具，在一定程度上能帮助学生再现历史，加强学生对知识的无意注意，激发学生对新知识学习的兴趣，使他们的思维进入兴奋状态，进而达到深化所学主题、刺激学生积极思维的功效。特别是对于初中学生而言，利用这种形象直观的教具作导入的材料，是一种比较有效的导入方法。

【课例评析】

　　学习人教版九年级上册《美国的诞生》一课时，教师可采用直观教具导入：先出示课前教师制作的形象直观的"美国国旗"，接着设问：大家看这幅图片中的是哪个国家的国旗？（生：美国。）仔细观察，这面国旗有何特点？在学生回答这面国旗由13个条和50个星组成之后，教师进而指出：13个条代表美国独立前的13块殖民地，一个星代表一个州，50个星代表现在美国的50个州。当今，美国是世界上唯一的超级大国，在国际事务中发挥着重要的作用。可是200多年以前，它却是英国的殖民地。那么，美国是怎样走上独立的道路的？华盛顿是个怎样的历史人物？今天，我们就来学习美国的诞生。"美国国旗"这一直观教具，吸引了学生的眼球，激活了学生思维，不仅使学生了解了"美国国旗"的含义，而且提出了新的问题，最终顺利导入了新课。

7. 史料阅读导入法

　　历史是已经消失了的过去，人类认识它，除了地下考古外，最主要的手段是通过大量的历史记录，即史料来了解。在历史课堂教学中，教师通过引入史料，引导学生阅读史料，从中获取相应的信息，这样能在一定程度上再现历史，加深学生对历史的理解，从而有助于顺利地导入新课。

【课例评析】

　　学习人教版七年级上册《大一统的汉朝》时，教师可先通过幻灯给学生出示《汉书·食货志》中的一段史料材料："民失作业，而大饱饥馑。……人相食，死者过半。自天子不能具醇驷，而将相或乘牛车。"引导学生阅读后，教师再结合史料提问：西汉建立后，面临的是一种什么样的经济形势？（生：经济萧条、国家贫困的荒凉景象。）这种景象是怎样造成的？（生：是秦的暴政和秦末长期的战乱造成的。）为此，要想稳定社会秩序，巩固政权，汉初统治者必须要采取什么措施？（生：尽快恢复经济。）于是，汉高祖采取了轻徭薄赋、注重发展农业生产的经济措施。汉高祖以后的几代皇帝，特别是文帝、景帝在位时期，继续推行轻徭薄赋、发展农业的政策。汉朝出现了历史上的"文景之治"，"文景之治"为汉武帝时期的大一统奠定了基础。汉朝的"大一统"是怎样形成的呢？今天我们就来学习这一部分的内容。

8. 时事导入法

　　它是教师利用时事材料导入新课的一种方法。学生已有的认知结构主要是在与现实密切的生活过程中建立起来的。在历史课堂教学中，根据已发生的新闻时事，将所学历史与具体的现实相联系，可使学生感受到历史无处不在，拉近历史与学生生活实际之间的联系，激起学生学习的欲望，提高他们学习的兴趣，从而顺利导入新课。

9. 乡土材料导入法

它是指教师利用学生身边的乡土材料导入新课的一种方法。家乡是学生比较熟悉的地方，学生们对其中的很多事物都比较感兴趣。在历史课堂教学中，教师恰当地运用乡土材料，不仅能激发学生热爱家乡的情感，加深学生对教材内容的理解，而且能吸引学生的注意力，使学生产生一种亲切感，尽快进入课堂角色。

【课例评析】

在学习《太平天国运动》这一课时，在贵港的教师可以从当地学生比较熟悉的达开水库、达开高中讲起；在桂平的教师可以从金田村讲起。对于南京的学生而言，这些地名比较熟悉，所以学生易于产生亲切感，容易产生"共鸣"，在教师讲述了这段与他们联系密切的乡土史后，学生就自然而然进入地课堂角色了。

10. 故事导入法

它是指教师用讲故事导入新知识的一种方法。这种方法适合于中学生特别是初中生，他们对历史小故事情有独钟，小故事是开启他们学习兴趣的金钥匙，在上历史新课前，教师用讲故事的形式导入，能够激发学生学习的兴趣，吸引他们的注意力，使他们热情积极地投入到对新授课问题的探索之中去。

【课例评析】

在学习人教版七年级上册《大变革的时代》时，由于涉及社会性质的变革，对初中学生来说，学习的兴趣不容易激发。但若以讲"南门立木"的故事导入则效果会较好：话说，在春秋战国时期，中国有一位杰出的政治家要推行改革，为了让改革能取信于民，他下令在都城南门立了一根木头，并颁布命令说，谁能够把这根木头扛到指定的地方，他就可以得到十金，起初谁也不相信，于是没有一个愿意搬。在这种情况下，这位政治家又把赏赐增加到五十金，此时，最终有一个人抱着试一试的心态，把木头搬到了北门，他果然得到了五十金的赏赐。扛一根木头就能得到赏赐，大家说稀奇不稀奇呀？这位改革家为什么会这样做呢？大家想不想穿越历史的时空隧道回到古代去看看呢？这样的导入，一下子激发了学生的兴趣和好奇心，吸引了学生的注意力，使学生在好奇心的诱导下兴致盎然地进入该课的学习。

11. 成语导入法

它是指教师利用成语导入新课的方法。中国古代史涉及成语典故很多，成语典故往往具有言简意赅、寓意深刻的特点，在历史课的导入中，教师如能信手拈来，结合教学内容，恰当地采用成语典故并说明其含义来导入新课，往往能起到画龙点睛的作用。比如在学习人教版七年级上册《春秋战国的纷争》一课时，教师可利用学生比较熟悉的"围魏救赵""退避三舍""卧薪尝胆"和"纸上谈兵"等成语导入新课。这些成语反映的都是"春秋战国"时期的内容，学生比较熟悉，因而能激发兴趣，收到"看一孔而窥全豹"之功效。

12. 节日导入法

它是指利用一些重要的节日来导入新课的方法。在人类历史上，有许多重大的历史事件，利用这些重大事件的纪念日及国家平时发生的大事独具匠心地导入新课，有利于拉近历史与现实的距离，激发学生的学习兴趣。

【课例评析】

在学习人教版八年级上册《五四爱国运动和中国共产党的成立》一课时，教师可利用学生比较熟悉的"五四青年节"导入。"五四青年节"是学生非常熟悉的一年一度的节日，教师由该节日引导学生"回到历史"，使学生明白了"五四青年节"和"五四运动"之间的关系，然后依据"五四运动"的内容提出一系列的问题（"五四运动"指什么？它发生在什么时候？它对中国历史产生了什么深远的影响？），由此就自然地使学生带着问题进入该课的学习。

13. 歌谣导入法

它是指在历史课堂教学中，教师有目的地使用一些与教学内容相关的歌谣导入新课的一种方法。歌谣往往既朗朗上口，又简单明了，易于学生理解，因而有助于激发学生兴趣，促使学生尽快地进入学习状态。

14. 诗词导入法

它是指利用学生比较熟悉的诗词导入新课的一种方法。诗词语言精练、生动、优美，学生喜爱朗读、背诵。在历史课堂教学中，特别是在中国史的教学中，教师恰当地引用学生熟知的古诗词进行导入，可以起到营造学习氛围，提高学生兴趣，拨动其思维之弦，使之以饱满的情绪投入学习的作用。

15. 格言导入法

它是指教师利用学生比较熟悉的格言警句导入新课的一种方法。格言警句是人类思想、语言艺术的集中体现。教师通过引用与课题相关的格言导入新课，既能渲染课堂气氛，激发学生的兴趣，又能陶冶学生的情操。

16. 歌曲导入法

它也称音乐导入法。它是指教师根据教材内容，选择合适并与教材内容相匹配的歌曲导入新课的一种方法。教材中有一些内容是学生没有兴趣学习的，导入新课时可以用一些富有感染力的音乐资料。在音乐欣赏过程中，学生感知、联想、理解等与审美有关的心理活动被引发，伴随起伏的旋律，他们能把自己的情感移到艺术作品中，设身处地、身临其境去体验，爱其所爱，恨其所恨，爱憎分明，仿佛就置身于那个时代。这样就容易引起学生情感的共鸣，从而能激起学生的求知欲望，使其思维处于兴奋状态，顺利地进入新课的学习。

17. 视频导入法

它是指利用影视材料创设历史情景进而导入新课的一种方法。教学媒体是教学过程的产物，最早的媒体无疑是教师的口语和教科书，后来又出现粉笔、黑板、挂图、投影等，随着科技革命的兴起，又出现了以计算机技术为支撑的多媒体教学手段（CAI）。利用这种手段导入新课，能够将文字、图片、声音、图像等结合在一起，集中多种媒体之优势，寓学于乐，刺激学生的各种感觉器官，化无声为有声，化静态为动态，化抽象为具体，创造良好的情境，增强学生的感性认识，使他们在充分感知生动的历史形象的同时，尽快地进入历史新课的学习。

【课例评析】

在学习人教版七年级上册《三国鼎立》一课时，教师可先播放一段视频《赤壁之战》，刺激学生的视觉和听觉，在激发起学生对这段历史的兴趣之后，教师据此设问：同学们，这是中央电视台拍摄的长篇电视连续剧什么中的一段历史？（生：《三国演义》。）《三国演义》所反映的究竟是怎样一回事？它所讲的是历史上什么时代的事呢？它反映的是真实的三国时期的历史吗？今天让我们共同走进三国，去感受那段灿烂的历史。

18. 释题导入式

它是指教师在新课伊始、于黑板板书课题之后，进而对课题进行分析，开宗明义，揭示所讲的中心内容，从而导入新课的一种方法。历史教材是按照章节体的形式编排的，每一节都有一个相对独立的标题，该标题或者概括了本节课的主要内容或中心思想，或者描述了本节课所属历史阶段的某种基本历史特征。因而在历史课堂教学中，很多新课都可以用解释标题的方法直接导入。用此法导入新课，可使学生直接明了本节课的重点，及时地进入重点内容的学习。

【课例评析】

在学习人教版九年级上册《新航路开辟》时，教师可先指导学生看地图册《14世纪前后欧亚主要商路图》，让学生找出14世纪前后人类主要在哪些大洲活动，他们联系的通道有哪些。在学生回答之后，教师指出：前面我们学习的人类历史主要发生在亚、非、欧三洲，14、15世纪之前，人类基本上不知道地球上还有其他大洲，这直到15世纪至16世纪人类开辟新航路之后才认识到。为什么要在航路面前加"新"字？什么是新航路呢？教师通过释题导入，进入新课学习。

课堂导入作为一门教学技巧，其形式各异，方法多种多样，并没有固定的模式可循，只要是学生听得懂、感兴趣、有思维，就是有价值的导入。为此，历史教师在导入设计时，不必拘泥于某种模式，而是要根据学科的实际特点、学生的实际情况、不同的教学内容、具体的课堂组织结构及教师个人的特点等因素综合考虑，创造性地加以选择，激发学生的学习兴趣，诱发学生学习的积极性、主动性，最大限度地提高教学效果。

（二）过渡的处理

课堂过渡是指在课堂教学过程中，教师巧妙地将所学内容的章与章、节与节、章与节、此问题与彼问题转换衔接在一起的一种教学技能。此技能可以体现教师上课的内在逻辑，促使学生思维连贯地学习新授课内容。过渡有以下功能与作用：一是穿着引线，有助于保持教学各环节的顺畅衔接；二是上下贯通，有助于保持学生思维的连贯性；三是提醒学生，有助于引起学生注意力；四是温故知新，有助于激发学生思考。过渡的原则是联系性、逻辑性、启发性、思维性、巧妙性、简明性、计划性和生成性。过渡的方式方法有以下几种：

1. 自然过渡法

它是指教师充分利用知识本身的结构和思维逻辑关系实现教学内容自然"承转"的一种过渡方法。历史教学内容之间本来就有很密切的联系，自然过渡将知识本身的结构和逻辑关系自然呈现在学生面前，讲解和过渡浑然一体，有利于保持知识结构的完整性，有利于学生思维的连续。这种方法是最基本的过渡法，它一般适用于条理性很强的知识内容。

【课例评析】

在教授人民版《走向"大一统"的秦汉政治》中有关秦朝加强中央集权的内容时，教师可先引导学生学习秦统一六国、北伐匈奴、南征南越、收复"西南夷"等内容，在此基础上，教师可接着提问：秦始皇用武力统一全国后，又采取什么样的办法来巩固这种统一的呢？从而引出"加强中央集权"的内容。这种"打天下"（秦始皇统一全国的过程实现）到"治天下"（加强中央集权）的自然过渡，实现了知识前后的逻辑联系，保持了知识结构的完整，有利于学生思维的连续。

2. 联系旧知法

它是指教师引导学生利用已经学过的旧知识来实现所授知识起承转合的一种过渡法。在历史教学过程中，新内容与旧知识之间存在着密切的内在联系，旧知识往往具有承上启下和"架桥铺路"的作用，利用学生所学旧知识过渡到新知识，不仅可以使学生巩固旧知识，而且还可使学生找到新旧知识的关联之处，认识到重大的历史事件相互间存在着的密切联系，从而便于更好地理解和掌握新知识，培养学生用联系的方法看待历史问题的思维能力。

3. 设疑过渡法

它是指教师利用问题来有效地引导并促进学生对教学内容作进一步深入思考的一种过渡方法。现代心理学的研究表明，学起源于思，思起源于疑。问题是思维的起点和探究的开端。在历史课堂教学中，教师通过置疑、激疑、质疑、释疑、解难等步骤，使学生处于暂时的困惑状态，能激起学生的认知冲突，诱发学生解疑的动因和兴趣，培养学生的探究精神，为教学顺利过渡奠定良好的思维基础。教师要围绕教学目标，在教材的重、难点之处设疑，重、难点往往是教学的重心和焦点所在，教师应于此处循序渐进、有的放矢地设置有一定思维含量的疑问，诱导启发学生，有助于调动学生的思维，一步一个台阶地过渡到新学习的教学内容。

4. 激趣过渡法

它是指利用历史故事等有趣材料来实现过渡的一种方法。历史是有血有肉的，教学时引入一些与所上课内容有关的历史故事等有趣材料，往往能激发学生兴趣，吸引学生注意力，激活学生思维，进而过渡到所学新知识。

【课例评析】

人教版九年级下册《第二次世界大战》一课中，二战后期为了尽快地打败德国法西斯力量，盟国实行苏军和英美盟军从东西两线夹击法西斯德国的战略，这一内容如何过渡到"英美盟军开辟的西线"呢？教师可讲述两个有趣的"出其不意"：一个是登陆地点出其不意，另一个是在登陆时间上出其不意。正是由于这两个"出其不意"，英美盟军在诺曼底一举登陆成功，开辟了欧洲第二战场，从而大大加速了德国法西斯的灭亡。此过渡用有趣的两个"出其不意"，很好地吸引了学生的注意力，从而激发了学生的学习兴趣，调动了他们历史学习的积极性，为学生进一步学习作了铺垫。

5. 小结过渡式

它是指教师在上面环节教学内容结束后，采用简明扼要的语言，对前面所学知识进行归纳总结，进而引出下面要讲授知识内容的一种过渡方法。它一般用于教学环节之间或课堂教学环节之末。此过渡的好处是能再现教学的重点，加深学生印象，巩固教学效果。

6. 对比过渡式

它是指教师采用对比的方式进行过渡的一种方法。在历史教学过程中，当两个教学内容之间存在某种相似或者相异的地方时，就可采取对比的过渡方式。有比较才有鉴别，通过对比，可使所学内容建立在一种知识的比较关联之中，从而就实现了过渡。

【课例评析】

在学习人教版八年级下册《工业化的起步》一课中"一五计划的制订"的内容时，教师就可采用对比过渡法，先将同时期中国（1952年）、印度（1950年）和美国（1950年）的人均钢产量和人均发电量进行对比，引导学生得出中国当时的重工业不仅远远落后于美国，而且落后于印度的结论。在进行对比的基础上，就可得出，为奠定国民经济发展的基础，当时中国必须大力发展重工业。这样就顺利地过渡到以发展重工业为主的"一五计划的制订"这一内容上，在比较中实现了上下文之间的顺利过渡。

7. 转折过渡法

它是指教师采用转折性的语言来实现过渡的一种方法。在历史教学中，当两个教学内容有较大差别时，一般采用"但是……""却……""而……"等词语达到过渡的目的，此种方法过渡不仅保持了教学环节之间的润滑，而且还能使学生思维很快集中到下面所要学习的内容。

【课例评析】

学习人教版高中历史必修第14课《新民主主义革命的崛起》一课中"北伐战争失败的原因"时，当教师讲完国共合作，掀起了轰轰烈烈的国民大革命，最终打垮了帝国主义支持的北洋军阀之后，为了顺利过渡到第一次国共合作的破裂和国民大革命的失败，教师不妨采用转折过渡法指出：北伐胜利进军，基本上消灭了北洋军阀吴佩孚、孙传芳和张作霖三派势力，动摇了帝国主义统治中国的根基，然而正当北伐取得辉煌战绩之时，革命阵营内部却出现了以蒋介石、汪精卫为首的国民党右派，他们分别发动反革命政变，大肆屠杀共产党员和革命群众，这样，第一次国共合作全面破裂，轰轰烈烈的国民革命就此失败。此过渡先让学生认识到了国民革命的成果，而后使用了一个转折词"然而"，使学生认识到北伐胜利进军的同时，革命阵营内部也发生了严重的分化，正是这样的分化导致了国民革命的最终失败。

（三）结课的处理

所谓结课，是指在下课前几分钟教师用简练语言，通过归纳总结、提炼升华和设置悬念等方式，引导学生对新授课所学内容进行系统的巩固和应用，以使新知识有效地纳入学生认知结构的概括性教学。结课是一堂历史课迈向成功的最后一步，在课堂教学中占有重要的地位。总的来说，结课这几方面的功能与作用：一是明了主要内容，增强学生记忆；二是建构知识体系，形成知识系统；三是及时反馈新知，检查教学效果；四是承上启下，为下堂课的教学做好铺垫。结课的方法有以下几种：

1. 结课的分类

（1）归纳总结法。

它是指在课堂结束时，教师着眼整体，围绕中心内容，用简练的语言，对所学内容系统地加以整理，进行归纳总结，帮助学生构建知识网络的一种结课方法。此法能帮助学生删繁就简，使学生系统把握所学内容，形成完整的历史概念和历史知识体系，举例如下：

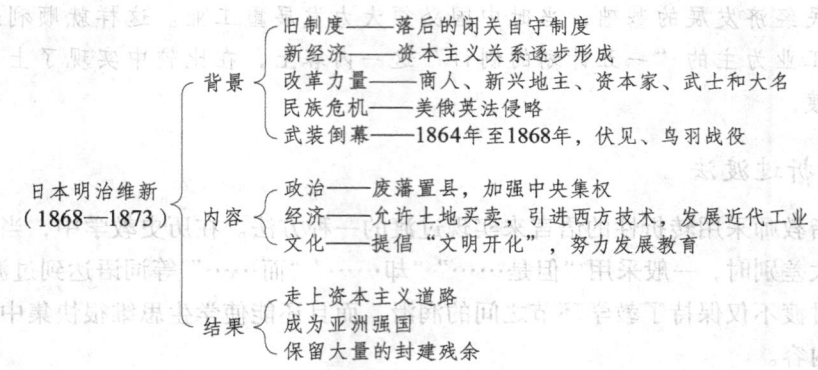

【课例评析】

此节课是有关日本明治维新的归纳结课法，它以整体的教学观念，简明扼要地将明治维新一课的内容按照背景、内容和结果三个方面加以归纳总结，形成系统完整的知识网络，使教材中复杂的知识简约化、零散的知识系统化，进一步完善学生的认知结构。

（2）首尾呼应法。

它是指教师在课堂结束时解答开头提出的问题，给学生一个明确答案以呼应全课的结课方法。此方法不仅能使学生上课之初产生的疑惑最终消解，而且还能使学生对所学知识有一个前后联系的整体感觉。

【课例评析】

在学习完人教版七年级上册《秦王扫六合》后，教师可这样小结：这节课我们学习了"秦王扫六合"，秦国由于商鞅变法、善于用人和策略得当（远交近攻），国家迅速强大，并依次灭掉韩赵魏楚燕齐六国。然后北击匈奴，修筑长城；南伐南越，开凿灵渠，最终统一了全国。这样的结课，给学生解答了导入过程中的问题（秦为什么能够统一全国？怎样统一全国？），从而实现了该课内容的首尾呼应，前后连贯。

（3）承上启下法。

它是指教师根据系统的知识，对所学内容进行瞻前顾后、承上启下地结课的方法。此法既使新旧知识有机紧密联系，又能激发学生的求知欲，为下面内容的教学做好必要的准备。

【课例评析】

在学习人教版八年级上册《甲午中日战争》一课时，教师可这样小结：前面我们学习了鸦片战争和第二次鸦片战争，这节课我们又了解了甲午中日战争，此后中国社会的半殖民地半封建化大大加深，中国的民族危机空前严重了。面对这种空前严重的民族危机，中国人民进行了哪些斗争？下面将要学习资产阶级维新派开展的戊戌变法和义和团抗击八国联军的斗争，我们可以进一步了解中国人民为反抗帝国主义侵略和富强国家进行的斗争和努力。这样的结课，前引后连，承上启下，既复习了前面学习的近代西方列强侵华的历史，又回顾总结了本课的重点，激发了学生的求知欲，为下面要讲的新课作了铺垫。

（4）梳理线索法。

它是指教师就所学内容或所属单元内容，引导学生采用梳理知识线索的方法而进行的一种结课。此法容易将散乱的历史知识用一条线索串起来，便于学生把握教材之间的内在联系，掌握所学知识。

（5）制造悬念法。

它也称存疑探索法。它是指教师通过设置疑问、制造悬念进行小结的一种结课方法。南宋理学家陆九渊说："为学患无疑，疑则有进。"朱熹则进一步指出："学贵有疑，小疑则小进，大疑则大进。"疑问是激发学生思维的支点，也是学生探究知识的起点。在历史课堂教学结课中，教师科学地创造性地设置疑问、制造悬念进行小结，能产生"欲知后事如何，且听下回分解"的效果，使学生处于一定的困惑状态，进而激发其解疑的动因和兴趣，深化学生对历史本质的认识，培养他们历史思维的深刻性。

（6）提炼升华法。

它是指在课堂教学结束时，有目的地对所讲内容进行挖掘，揭示其深层内涵，使学生的情感更丰富真切、态度更明朗、价值观更坚定的一种结课方法。此方法有助于学生透过现象看本质，把具体的知识上升到"情感态度与价值观"的高度。

【课例评析】

在学完人教版八年级上册《血肉筑长城》一课后，教师可在简要总结本课的主要内容后播放电影《太行山上》中平型关大捷后八路军总司令朱德进行的讲话来结课。该结课不仅使学生真切地感受到抗战期间中国军队顽强抗敌、血肉筑长城的坚强意志，而且还使学生在这种良好的气氛中升华了感情，形成了热爱祖国、热爱中华民族的精神。

（7）延伸拓展法。

它是指课堂教学结束时，教师有目的地把所讲的内容进行延伸，以启迪学生课下继续思考的一种结课方法。此种结课将课内外联系起来，有助于学生课后继续探究历史问题。

【课例评析】

在学习完人教版八年级上册《戊戌变法》之后，教师可引导学生这样结课：今天我们学习了康有为、梁启超领导的维新变法运动。有关这场变法，有人曾说，戊戌变法是一次失败而不彻底的资产阶级革命，其原因何在？你认为它的失败有什么启示？带着这个问题，大家下课后继续思考。该结课在学习完"戊戌变法"后，将所学内容向外进行拓展，从戊戌变法的结果追溯原因，从失败结果中得出结论：资产阶级的改良道路在中国行不通，从而启发国人为了救国救民继续探索新的道路。这样不仅实现了知识的前后贯通，而且为后面知识的学习铺好了路，架好了桥。

（8）对比启发法。

它是教师依据两个（或两类）不同历史对象在某些属性与特征上的相同或相似，启发学生从甲历史事物联想到乙历史事物，并学会用甲的方法来分析乙历史事物的一种结课方法。有比较才会有鉴别，采用此结课方法，一方面可帮助学生同中求异，异中求同，发现历史对象之间存在的异同；另一方面可使学生由表及里，从现象到本质，找出历史事件之间的内在联系，加深学生对所学内容的理解。

【课例评析】

在学习完《日本明治维新》后，教师可将日本明治维新和中国的戊戌变法相联系比较小结：19世纪中日两国都处于内忧外患之中，当时两国对内都是闭关锁国的封建国家，国内矛盾重重，人民反抗不断，对外都遭受西方列强侵略，民族危机严重但为什么日本明治维新成功了，而中国清政府的戊戌变法却以失败告终？这样对比结课，可以诱发学生在相似的宏观背景下去寻找两者的不同之处，进而异中求同，同中求异，由表及里，由现象到本质，启发着学生思考这两次改革不同结果的原因。

（9）联系实际法。

它是指在课堂教学结束时，教师有目的地把所讲教学内容和现实社会生活的实际内容联系起来进行结课的一种方法。此方法能使学生在现实中找到历史的影子，在历史中找到现实产生的缘由，从而更好地认识到历史与现实的联系。

（10）讨论补充法。

它是指教师采用谈论的方式以补充教材中没有完全交代内容的一种结课方法。限于教材编写的局限的情况，有许多内容教材只是"寓论断于叙事之中"，为了使学生把这些隐性的知识提炼出来，教师在小结时可适当引导补充。

【课例评析】

在学习完人教版八年级上册《血肉筑长城》这段历史后，教师不可避免地要讨论抗战胜利的原因，然而有关抗战胜利的原因，教材并没有专门详细的介绍，只是隐含在前面所讲各章节中了，为此教师就需要引导学生讨论，把这部分内容补齐。通过讨论引导学生找出影响抗战胜利的具体史实，对史实进行分类，总结出抗战胜利几个方面的原因。这样的结课有利于培养学生团结协作的精神，有利于培养学生利用史实分析解决问题的能力，更有利于把教学的隐性知识挖掘出来。

总之，结课的方法多种多样，历史教师对结束语精心准备，充分发挥结束语的无穷魅力，必将使学生对历史课的兴趣大增，便于学生对历史知识的记忆和理解，从而大大提高课堂的教学效果。

（三）板书的设计

板书是指教师根据教学的需要，在黑板（或幻灯片、投影器）上用文字、图形、线条、符号等要素再现和突出教学主要内容的活动。板书一般包括课题名称、授课要点和重点、补充材料等内容。板书有注意强化、梳理知识、师生交流、展现自我的功能。

板书分为纲要式板书、表格式板书、图示式板书、线索式板书、表解式板书等。

1. 纲要式版书

纲要式板书（最传统），主要依据教材内容进行编排，将教材要点浓缩成提纲，采用小标题形式，按顺序分层次排列。特点：紧扣教材，便于学生宏观把握历史知识；内容具体明确，有利于学生掌握教材重点；层次分明。举例如下：

第一课　古代希腊民主政治

一、希腊的地理位置

二、希腊"城邦"的含义

三、雅典民主政治的内容

1. 梭伦改革

2. 克里斯提尼改革

3. 伯利克里改革

四、评价雅典民主政治

1. 根本目的

2. 形成的客观条件

3. 进步性

4. 局限性

2. 表格式版书

表格式板书，当一节课的内容头绪太多，并且相互没有明显关联时，为了体现他们的整体性，便于学生记忆和掌握，就可以选择采用表格式板书。优点：条理清楚，知识要点集中，便于异同的比较，有利于历史概念的形成；缺点：内容太过细致，耗时大，虽照顾了重难点，但难以兼顾一般性历史知识。举例如下：

新航路的开辟

时间	国别	航海者	经过地区	到达地点
1487年至1488年	葡萄牙人	迪亚士	沿西非海岸向南航行	好望角
1492年	意大利人	哥伦布	向西横渡大西洋	美洲巴哈马群岛
1497年至1498年	葡萄牙人	达·伽马	绕过好望角，到达印度	印度
1519年至1522年	葡萄牙人	麦哲伦	从西班牙出发，环球航行	完成环球航行

3．图示式板书

图示式板书，优点：节省文字，简明生动，形象直观，易于引导学生的思维活动；整体性强，适用于头绪繁多、关系复杂的教学内容。缺点：设计难度大，很难表现概念中的难点知识，因此，只能做一种补充手段。举例如下：

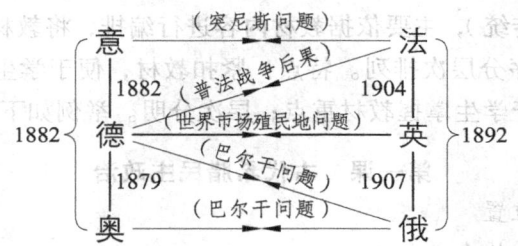

4．线索式板书

线索式板书，根据教学内容的纵向过程进行设计，显示内容，层层向前推进，具有逻辑程序和循序渐进的教学思路。适合于历史过程复杂、头绪繁多的历史事件的教学。优点：直观性、逻辑性强。方便体现历史知识之间的因果、递进、变化、顺序等关系；形象直观，有利于培养学生逻辑分析能力；概括性和指导性强。便于学生记忆。缺点：概括性太强，举例如下：

铁农具的广泛使用
牛耕的推广
兴修水利工程，如都江堰 ⇒ 春秋战国时期生产力的迅速发展 ⇒ 私田出现 ⇒ 封建剥削方式出现 ⇒ 各国变法如：商鞅变法 ⇒ 封建制度确立

5．表解式板书

表解式板书，是一种将课文内容所包含的知识要点，按照历史发展的过程，编成一览表式的板书。特点：将历史的来龙去脉和各种关系系统、条理地展现出来，理清

线索，分析综合，形成概念，培养学生的逻辑思维能力。举例如下：

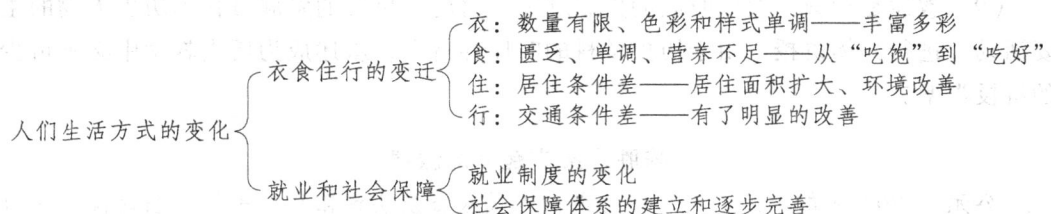

（四）讲授的要求

讲授是教师通过简明、生动的语言，通过描绘情景、叙述事实、解释概念、论证原理、阐述规律等，系统地向学生传授历史知识，并发展学生智力的一种方法。这种方法与学校的创建密切相连，加之历史学科时序性和过去性的特点，需要教师系统条理地讲授。因此直到今天，讲授法还是广大历史教师最乐用的教学方法。优秀的讲授包括生动的讲述和准确的讲解。

警钟长鸣

我今天要讲的遗产跟大家所认识的不同，这类世界文化遗产记述的是人类历史上不可遗忘的历史悲痛，宗旨是呼唤人类的正义和平和人权的尊严。这样的世文化遗产叫警示文化遗产，《警钟长鸣》介绍的奥斯威辛集中营就是其中之一。

60年后，当我们重新翻开历史旧页的时候，当年经历奥斯威辛的人们多数已经离开人世。然而在长达60年的时间中，奥斯威辛让世界为之哭泣，并不仅仅因为它曾经是纳粹集中营，还因为从那时候甚至更早开始，无理性的杀戮和种族灭绝就从来没有停止过，奥斯威辛就是其中最高的一座标志性墓碑！

今天，全世界的人们点起白色的蜡烛，为亡灵祈祷的悲戚曲调在寒冬中响起，荧荧烛火沿着幽幽的铁路通向远方，打破了黑暗，告慰死者的在天之灵。

【课例评析】

任何真正有效的讲授都必定融进了教师自身的学识、修养、情感，流露出教师内心的真、善、美。所以，讲授对教师来说，不仅是知识方法的输出，也是内心世界的展现，它潜移默化地影响、感染、熏陶着学生的心灵。历史学科在学生情感教育方面具有重要意义，历史教师饱蘸着情感的言语，可以营造一种特定的气氛，促进学生在情感上的"共鸣"。

1. 生动的讲述

（1）讲述是教师运用生动形象的语言，对历史事件、历史人物等进行系统的描述、描绘或概述的讲授方式。生动的讲述可以使学生对历史事件、人物的现象和过程全面了解，为理解历史奠定基础。

（2）叙述是指教师按照时间的先后顺序，对历史事件的发展过程和历史人物的主要活动，进行具体讲授。由于历史学科的时序性特点，叙述成为历史教学中必不可少的讲授类型。

陈胜、吴广起义的叙述

公元前209年的一天，有个叫陈胜的农民被征发去渔阳戍守长城。当时陈胜一行共有九百多人，在路上，陈胜结识了吴广。到了大泽乡，碰上连日大雨，道路都被冲毁了，队伍被迫停留了好多天，此时，队伍已经不能按期到达渔阳。根据秦律，误期者要被处斩，当时很多人都在商量"怎么办"，陈胜和吴广决定起来反抗。他们设计杀死了两个负责押送的军官，然后召集大家，讲明道理，结果大家齐声响应。

这样，陈胜、吴广领导的起义爆发啦！

【课例评析】

叙述法有两个特点：一是生动形象，教师多运用生动的语言和丰富的表情，形象地再现历史事件的发展过程和历史人物的主要活动，引发学生学习历史的兴趣。二是完成性，即有头、有尾、有情节、有变化，便于学生掌握历史发展的线索，形成完整的认识。

但是使用叙述必须要注意系统性和情节性；注意历史知识选择的典型性，减少不必要的枝蔓；语言的使用要具体、生动、形象，感情明朗，富有感染力。

（3）描述就是教师对于某些重大历史场面、典型的历史现象、历史人物的特征和行为表现，用具体细节和生动语言进行描绘的一种叙述方法。描述是对叙述法的一种补充，可以丰富学生的历史表象。

莫斯科战役中苏联军民团结战斗的英雄气概的描述

就在短短的三天时间内，在祖国母亲的召唤下，全市人民动员起来，组织了25个工兵营，12万人的民兵师，169个巷战小组和数百个摧毁坦克班。全市约有45万人参加了修筑防御工事，其中四分之三是妇女和少年，就是他们用双手挖出了300多万立方米的土。

【课例评析】

描述着重于讲授具体对象的特点，好似电影中的特写镜头，使历史现象和人物的形象更逼真，使学生如身临其境，如见其人，如闻其声，获得更为强烈的感受。

运用描述法，要求做到具体细致，不仅要有一般的情节，而且要有细节，这样才能更加逼真。有时候为了增添生动性，可以引用历史人物的原话或历史事件参与者的对话，语言要生动而有感情，这样才能渲染出一种具体的氛围，为学生创设一种当时当地的情境。但是运用描述法一定要注意科学性，特别是对细节的描述要有根据。

（4）概述是指教师以简洁的语言对历史事件扼要概括地进行讲述。一般适用于对非重点内容的讲述，以寥寥数语勾勒历史全貌，保持历史的完整性。

近现代中国人民屈辱与抗争、国力从弱到强的曲折历史的概述

从鸦片战争的烽火到甲午海战的硝烟；从公车上书之举到戊戌六君子的暴尸街头；从谭嗣同"有心杀贼，无力回天"的哀怨到孙中山"革命尚未成功，同志仍努力"的长叹；从卢沟桥的炮声到渡江作战的号角；从第一面五星红旗冉冉升到东方雄师的仰天长啸；从大漠深处蘑菇云的升腾到十余年改革开放的伟大业绩……

【课例评析】

概述其实就是一种略讲，它配合叙述使用，体现了历史教学内容的主次性，但同时又保持了历史知识的连贯性和整体性。

运用概述法要条理分明、加强逻辑，语言简明、扼要、准确。虽然不一定要组织情节，对感染力和形象生动的要求也没有描述那么高，但教师在讲授时还是应力求形象生动。

2．准确的讲解

（1）讲解是运用阐释、说明、分析、论证、概括等手段讲授历史知识内容，以揭示历史事件及其构成要素（时间、地点、人物、经过、结果、影响及作用等）的发展过程，使学生把握历史事件的内在联系、本质特点和规律的讲授方式。通过讲解可以形成历史概念，揭示历史规律。

（2）解释是对教材中的术语、难懂的字词和历史概念进行的简单释义、说明。比喻是借助于鲜明的形象来比拟，说明某些历史现象和概念。

"绥靖政策"的解释

"二战"前英美等帝国主义国家采取了讨好法西斯、纵容战争的绥靖政策。什么叫"绥靖"？"绥"是安抚，像一个人为了让狗不骚动，便用手顺着狗毛抚摩，让它感到舒适。"靖"是安定，用安抚的手段使其安静下来。

【课例评析】

解释和比喻对于历史的初学者来说非常重要，能使其快速地理解和掌握重要的术语和历史概念。但要注意的是解释要有的放矢、通俗易懂、准确无误，比喻要求贴切恰当、生动形象。

（3）分析是把历史事件或历史现象的各个因素或部分，分别加以考察和说明。综合是把历史事件和历史现象的各个因素和部分归纳起来加以考察，做出整体的结论。

《南京条约》危害和影响的分析

割让香港岛破坏了中国的领土主权，为英国侵略中国提供了方便；巨额赔款加重了中国人民的负担；开放通商口岸为英国的商品进入中国，进行经济侵略提供了便利；协定关税破坏了中国的关税主权，同样为英国的商品进入中国提供了便利。《南京条约》使中国的主权开始遭到严重破坏；中国的大门从此被打开了，外国商品的进入促使中国的封建经济逐步解体，同时出现资本主义因素。中国开始沦为半殖民地半封建社会。

【课例评析】

分析与综合是统一的、互相依存的，是思维的两个方面，因此在运用中往往不会分开使用。要注意的是，分析要做到具体细致，综合则要全面深刻，以便于学生形成准确、清晰和完整的认识。

（4）类比是把两个或两个以上有关联的历史事件、历史现象加以对照，认识它们之间的异同及相互联系，从而找出其本质特点和共同特征。对比是把两个或两个以上具有完全不同本质及特征的历史事件或历史现象进行对照，找出其本质上的区别和各自特征。

"半殖民地半封建"的解释

鸦片战争前，中国在政治上是一个独立自主的国家，清政府行使全部主权；鸦片战争后，一系列不平等条约的签订，使中国的领土主权、司法主权、关税主权开始遭到严重破坏，一个国家的主权部分不能自主了。这就是"半殖民地"。鸦片战争前，中国是自给自足的封建经济占统治地位；鸦片战争后，外国商品大量涌入中国，使中国的自给自足的封建经济逐步解体，同时资本主义因素发展起来，既存在封建经济，又有资本主义经济。这就是"半封建"。

【课例评析】

类比和对比其实都是一种比较方法，通过比较能加深学生对原有历史事件和历史现象的进一步认识，而且还能得出一些更为深刻的结论。但要注意的是，所比较的历史事件和历史现象要具有可比性，即彼此之间有关联；而且还应考虑从进行比较的方面，防止概念的混淆；另外比较本身并不是目的，关键在于加深认识，得出结论。

（五）情境的创设

情境教学法是指在教学过程中，教师有目的地引入或创设具有一定情绪色彩的、以形象为主体的生动具体的场景，以引起学生一定的态度体验，从而帮助学生理解教学内容，促进学生心智发展的教学方法。在历史教学中，创设情境的功能与作用主要体现在再现历史、培养能力、建构认识三个方面。

从历史学科特性来讲，情境创设有助于将抽象的历史具体化。历史具有一次性的特点，逝去便不会回头。后人要认识历史，首要的任务就是要将它还原。但历史浩如烟海，师生时间有限，原原本本的复原对于历史教学而言，既没有必要，也没有可能。因此，创设一个内涵丰富的典型教学情境，高度浓缩历史事物某些方面突出的特征，有助于学生的理解和学习。

《二毛回忆录》

深圳市某中学的唐老师在《鸦片战争后的社会经济》一课中，创设了二毛这个虚拟的人物，并以《二毛回忆录》贯通全课。二毛，广东香山人士，生于1840年2月14日。《二毛回忆录》有四段。第一段是1842年，他听省城读书的哥哥说："清政府和洋人签订了很多不平等条约，丧失了很多权益。"学生的任务是组成经济权益调查委员会，调查鸦片战争以后中国丧失的经济权益。第二段是1850年，二毛哥哥"想到省城做生意，开一家布料店，但他不知道是卖洋布好，还是卖土布好。于是他专门去做了一个市场调查"。学生的任务是扮演市场调查员，调查洋布与土布的销售情况。第三段是1860年，二毛哥哥"最终还是开了一家卖土布的小店，其中有好多布料还是我母亲亲手织的。这些布匹一开始卖得不错，可是进入60年代后，情况有些不同了。越来越多的洋布涌入中国市场，而且便宜得很，人们开始选购洋布，土布卖不出去，哥哥破产了"。学生的任务是探究二毛哥哥破产的原因。第四段是1872年，二毛家人听从容闳的劝说，使二毛赴美留学，"先是在哈特福德高中就读，后来又进了耶鲁大学经济学系。虽然在美国多年，但我无时无刻不思念自己的祖国。我毕业论文的题目就是《鸦片战争后中国经济结构的变动》"。学生的任务是帮助二毛完成他的毕业论文。

【课例评析】

一般而言，经济史要靠数字说话，没有生动的人物，缺乏曲折的情节，老师不爱教，学生不想学。但唐云波老师别出心裁，以二毛及其哥哥的经历为线索，将鸦片战争以后中国经济权益的丧失、自然经济的韧性、外国资本主义经济的冲击、民族资本主义的困境等主干内容一网打尽；而且，在这个过程中，学生与二毛同呼吸共命运，急其所急，想其所想，不知不觉就深入历史，学习效果奇佳。

从历史教育目的来讲，情境创设有助于评估并发展学生的历史思维能力。美国著名心理学家加德纳认为，智能是在一个或多个文化背景中被认为是有价值的、解决问题或制造产品的能力。历史思维能力的评估与发展同样如此。学生在解读历史情境的过程中，总是暴露出一定的历史思维能力的水平与倾向。

《为抗日战争纪念馆提供史料》

北京某中学的张老师在《史料中的全民族抗战》中，布置了这样一份作业：2005年是中国抗日战争胜利60周年暨世界反法西斯战争胜利60周年。中国抗日战争纪念馆决定闭馆重新布展，将补充一批反映全民族抗战的新的文物资料。请每位同学为中国抗日战争纪念馆提供一件反映全民族抗战的历史资料。主题范围：关于国内正规军、非正规军、青年学生、妇女、学者、艺术家、僧侣、市民、资本家、工人、海外华侨等各方面社会群体的具体活动。

时间范围：九一八事变以后到抗日战争胜利。

形式多样：一则故事，一张图片（文物图、漫画等），一个实物，等等。

内容呈现：对你选择的历史资料撰写200~300字的说明，要点包括该资料设计的历史背景、主要信息、历史价值或教育信息。自拟题目。

【课例评析】

为中国抗日战争纪念馆提供一件反映全民族抗战的历史资料，这就是一个情境。这个情境一下子就激发了学生的思维：什么叫全民族抗战？什么材料最有说服力？在判断和选择、说服自己和感动别人的过程中，学生比较分析、理解判断、人际关系等方面的能力将会暴露无遗，使其进一步发展完善成为可能。

从教育学理论来讲，情境创设有助于学生主动建构历史认识。学生不是一张白纸，任由教师在上面涂画。在学习的过程中，学生总是基于已有的知识、经验与情感，在某个特定的情境中同化或顺应所学知识，以达到意义建构。教师在教学中，应该为学生的建构创造一定的条件，如知识的衔接和情感的共鸣等。

《冷战结束》

上海市某中学特级教师李老师在讲到冷战结束的时候，特意精心准备了这话，渲染出一个历史情境："1991年12月25日19时38分，印有锤子和镰刀的国旗悄然在克林姆林宫上空徐徐降落，它似乎带着无奈与遗憾、不甘与挣扎诉说着什么。此时，离苏联成立69周年还差5天。寒风中，只有几个匆匆过客看到了这个历史性的场面。一个曾经令人类震撼的帝国大厦就这样在历史的无声地消失了……"

在同一节课中，李惠军老师满怀深情地说道："当人类步入第三个千年的时候，当2000年零点的钟声敲响的时刻，全人类都在期盼着世界的和平。然而，就在100年前，善良的人们也怀着同样的心情，聆听那1900年元旦的钟声。生性乐观满浪漫主义的法国人，在《费加罗报》上发表文章："20世纪带给我们的将是科学进入社会和私人生活，科学将赋予我们行为的准则。我们希望抚育了我们的19世纪，把那愚蠢的仇恨、无聊的争斗和可笑的诽谤统统带走,抛进世纪的无底深渊。"但是，20世纪带给我们什么呢？如果说，第二次世界大战已经把战争推到了毁灭整个人类文明的极端界限，战争向无极化方向的发展已经达到了一个临界点的话，那么，也许我们会有些许的侥幸，冷战兴许是人类理性和冷静的表现？然而，人类战争并没有走向消亡！人类何时才能消灭战争呢？"

【课例评析】

李老师寥寥几语,就勾勒出一幅意味隽永、发人深省的历史场景。是惋惜?是惆怅?在难以言传的情境中,一份深深的历史感悄然浸入学生的心头,学生将会若有所思、若有所获。李老师用心、用情、用理去体验和感悟,创设出"通脱而不空疏,精致且至博大"的情境,让学生的思维泛起点点涟漪,带来学习的灵感和精神感悟。

四、听课、评课技能

全国著名特级教师于漪曾说:"我的特级教师是听课听出来的。"一语点破专业教师成长的必经之路。我们在听课时对不同的执教者应有所侧重,如,对新教师重点看是否达标;对一般的教师,可重点看教学任务完成;对骨干教师,重点看创新;对于名家的课,着重领略其教学风格及其相应的学术思想在课堂的体现。

简单来说,听课的基本方法有:

(1)听。听授课老师的教学过程;听授课老师的教学语言;听课堂中学生的发言。

(2)看。看教师的主导作用发挥得如何;看学生主体作用发挥得如何。

(3)记。记录精妙之处;记录不足之处;记录疑问之处;记录感悟之处。

(4)想。想执教者目标是否达成;想学生是否在积极思考;想自己获得哪些收益。

(5)谈。与执教者谈设计理念与上课感受;与听课学生谈课堂的收获和困惑。

优秀的评课是在细致的听课基础上形成的。评课的标准和角度有很多种,所以同一节课,不同的要求、不同的评课人会有不同的评语。正所谓:"一千个观众心中就有一千个哈姆雷特。"这句话用在评课上非常合适。但评课有一个基本目标,即促进课堂教学与教师的专业成长。

目前,我们要求师范生进行严格系统的听课、评课训练。我们认为一堂好课必须满足以下几点,一是看课堂教学是否遵循素质教育的要求,培养学生的创新意识和创造能力;二是看课堂教学是否满足"参与性、有效性、公平性"的指标;三是看课堂教学是否"有效、有趣、省时"。

听课、评课课例1:

历史学科评课报告

本届"精英杯"教学大赛初赛已经结束,有幸参加了听课并担当评委,感触颇深,本次共听课16节,参赛教师娴熟的教学基本功,扎实的业务素质,以及全新的教学理念,无不给听者留下了深刻的印象,现对各位老师的历史课加以点评:

课堂教学理念新,都能做到以学生为主体,学生之间能够互相倾听、交流合作,学习有效。重视知识的形成过程,重视学生学习方法的培养,重视学生学习能力的提高，注重学生创新精神和实践能力的发展，教师功底深厚。

第一，教学目标全面具体，切合学生实际。例如张艳琦老师通过提出教学目标，问题导学，层层设问以及活动探究，极大地调动了学生的积极性。不但使学生掌握了基础知识，而且帮助学生理清了知识体系，建立了知识树。教师语言表达准确、专业知识较丰富，能和学生融为一体，学生学习积极性较高。

第二，能突出历史课特点，运用大量图片、地图等辅助教学。都能根据教学内容和学生实际，恰当地采用教学手段，合理运用多媒体，教学课件制作科学合理适用，创设教学情境，尤为注重学生潜能的发挥。

新课伊始，善于激发学生学习兴趣，创设学习情境。张艳琦老师用大量图片和材料，创设了一种学习情境，启发了学生的思维。姜晓会老师通过大屏幕播放视频《斯大林格勒战役》《诺曼底登陆》再现了这段真实的历史。课件的大量使用极大地丰富了教学内容，使教学内容生动活泼有趣，课堂容量大，多媒体教学发挥了重要作用。

第三，教师教态亲切自然，语言表达清晰准确，语言富有启发性、激励性，专业知识较丰富，能和学生融为一体，学生学习积极性较高。

张艳琦老师等以他们和蔼可亲的教态，富有亲和力的语言，上起课来，娓娓道来，深刻感染着每一位学生，同时又发挥了年轻人活力四射的优势，用生动活泼的语言充分调动学生的积极性，使学生在乐中学，形成浓厚的学习兴趣。

第四，都能联系实际进行教学，加强学生的思想品德修养的教育，体现了新课改的理念。

陈旭老师教学中结合教材和视频，以及学生讲红军长征中的感人故事，再现了长征的艰难困苦，再现了红军战士大无畏的革命英雄主义精神，对学生进行思想教育，使学生懂得今天应该怎样发挥长征精神，获得了积极的情感体验。

第五，参赛教师都能以学生为主体，重视知识形成的过程，重视学生学习能力、创新能力和实践能力的发展，善于知识之间的前后联系，结合教学实际"打造高效课堂"，教学目标准确、全面具体，课堂容量大，教学效率高。

第六，能够根据需要整合教材，姜小会老师将教材整合为三部分，按照二战后期重大事件发生的先后顺序把教材整合为开始联合：国际反法西斯联盟的成立，军事上协调行动：斯大林格勒战役、诺曼底登陆、柏林战役，政治联合：雅尔塔会议召开。注重形成知识网络，是学生明确教材知识体系。

【课例评析】

评课人从教学目标、学科素养、教师技能、课改要求、学生主体、教材整合等方面进行系统评课，条理清晰，语言生动，体现了其条理清晰，语言生动，充分体现了其较高的学科素养和评课水平。

听课、评课课例2：

评课人 基本概况	姓名 莫老师 单位 玉林师范学院		
	授课人 莫里森 学校 美国密苏里州南帕克威高级中学 课题 《舆论与越南战争》 课时 3 年级 九年级		
教学目标	1. 了解并评价至20世纪60年代末的越战过程中美国舆论发生的变化 2. 分析约翰逊总统任期内发生的事件对舆论的影响 3. 了解这个时期美国人的感情 4. 知道美国曾经犯过错误，但美国人应该为建设一个更加美好的美国而努力工作			目标评析： 目标设置与现实密切联系，真正做到"学史明智、以史为鉴"
教学活动分析（课堂主要活动的类型、基本流程） || 用时	教学结果分析（课堂活动与教学目标的关系，对达成目标的作用；知识掌握、操作能力思维能力的训练；教书育人情况分析）	收益、建议或设想（改进意见：便于理解操作，恰当得体，教学反思，避免对立）
一、分析事件对舆论的影响 1. 提问："美国为什么发动越南战争""如果你是当时的美国公民，你是否会支持越南战争" 2. 阅读美国约翰逊总统任职期间，越南战场发生的一些具体历史事件，分组讨论： ① 1964年8月7日美国参议院通过北部湾决议； ② 1965年5月26日澳大利亚军队出发去越南； ③ 1967年达托附近的血战； ④ 1968年美莱大屠杀 3. 观看越南战场的新闻视频，提问"假设作为当时的美国公民，会如何看待越南战争" || 1课时	1. 引发对"美国人民是否要支持越南战争"的思考，将学生引入对主体问题的思考 2. 教师提供历史材料让学生根据自己拿到的历史资料进行分析讨论，最后得出结论说明理由。情景假设最终达到培养学生兴趣、活跃课堂气氛，最重要的是培养学生分析概括历史的能力的目标	整个过程，教师没有给出自己的看法，只是一个倾听者。学生真正进入深入思考和热烈讨论的状态，达到体验学习的目的，充分体现学生的主体地位
二、搜集口述历史 1. 采访家人，了解亲身经历越南战争的美国公民对越南战争的看法 2. 学生分享经历越南战争的家人对战争的态度 3. 分析1965—1968年美国人民对越南战争的支持率的转变 || 1课时	1. 通过收集口述史，让历史真实生动地呈现在学生面前，拉近学生与家长、历史与现实的距离 2. 当学生真诚地表达对战争的忧虑时，情感目标得到升华 3. 分析民意结果，了解事件与舆论的关系，落实教学目标	在这一环节中，给学生足够的自主探究时间和充分个人表现的平台，在社会调查、口语表达、分析概括等各方面的能力得到了充分的锻炼

121

三、解释舆论 学生自主分析舆论变化及原因		1课时	从当时的流行音乐中，提取有效历史信息，分析美国大众对越南战争的态度	使用生动活泼的学习方式，解决复杂的历史问题
总评			2001年教育部颁布的《普通高中历史标准》的课程理念中提到历史教学应与现实生活和社会发展密切联系，应多视角、多层次、多类型、多形式地为学生学习历史提供更多的选择空间。但目前我们的学生依然缺乏研究性学习能力的培养。《舆论与越南战争》是一个剪接过的录像，但管窥一豹，已然证明美国中学历史课堂的优势：首先，课程展现越战的春季攻势与当时社会的舆论究竟是怎么互动的，战场的情形是怎样的，舆论为何那样去关注。学生没有参加越战，但可以通过当时舆论体验越战。其次，通过调查口述史的方法再度感受越战，学生的许多家人经历甚至是直接参加了越战，这对学生的体验感受来讲最为直接，历史关乎每一个学生。最后，学生在原有基础上形成新的提高性的认识后再度解析对越战的舆论，其落脚点是给学生以更大的学习和思考空间。该课在史料教学、问题教学、合作学习、目标达成、教师主导、学生主体等各方面给予我们很多启发，我们应该坚持历史教学无论是教师、教学目标、教学内容还是教学评价都应当以学生为本，只有这样才是二期课改真正的意图，因为教育的对象和主体就是学生。		

【课例评析】

比起评课稿，评课表除了能够对课程做总体评价外，还能够对教学目标和教学过程做分解，利于讲评双方学习和提高。

第四章　中学历史教师资格证考试标准与考试大纲

一、中学教师资格考试标准（试行）

原教育部文件是《中小学和幼儿园教师资格考试标准（试行）》，根据实际需要，删去了小学和幼儿园部分内容。

为加强中学教师队伍建设，提高教师队伍整体素质，完善教师资格制度，严把教师入口关，促进教师专业化，根据《中华人民共和国教师法》《教师资格条例》和《〈教师资格条例〉实施办法》，制订中学教师资格考试标准。中学教师资格考试标准是教师职业准入的国家标准，是从事中学教师职业的最基本要求，是进行中学教师资格考试的基本依据。

（一）考试目标

中学教师资格考试主要考查申请教师资格人员从事教师职业所必需的职业道德、专业知识与基本能力。

（1）具有先进的教育理念，良好的法律意识和职业道德；具有从事教师职业所必备的科学文化素养和阅读理解、语言表达、逻辑推理和信息处理等基本能力。

（2）掌握教育教学、学生指导和班级管理的基本原理和基本知识，并能正确解决教育教学中的实际问题。

（3）具备学科教学能力，掌握拟任教学科或专业领域的基本知识，掌握教学设计、教学实施和教学评价的基本原理和方法，并能在教学实践中正确运用。

（二）考试内容

1. 初中教师

一级指标	二级指标	三级指标
1. 职业道德与素养	1.1 职业理念	1.1.1 了解国家实施素质教育的基本要求，能正确分析和评判教育现象 1.1.2 了解初中教育阶段对学生发展的意义，能客观公正地对待学生，促进学生全面发展 1.1.3 了解教师专业发展的要求，具有终身学习与自主发展的意识

一级指标	二级指标	三级指标
1.职业道德与素养	1.2 职业规范	1.2.1 了解国家主要的教育法律法规，能分析评价教育教学实践中的法律问题 1.2.2 了解教师职业道德规范，能分析评价教育教学实践中的道德规范问题 1.2.3 了解教师职业道德行为要求，能做到爱岗敬业、爱国守法、关爱学生、教书育人、为人师表、终身学习
	1.3 基本素养	1.3.1 掌握一定的自然和人文社会科学知识，具有较好的文化修养 1.3.2 掌握一定的艺术鉴赏知识，具有一般的审美能力 1.3.3 具有阅读理解能力、语言与文字表达能力、交流沟通能力、信息获取和处理能力
2.教育知识与应用	2.1 教育基础	2.1.1 掌握教育理论的基本知识，能运用教育的基本原理和方法，分析和解决初中教育教学实践中的问题 2.1.2 掌握初中教育规律与学生特点的相关知识，能分析、处理教育教学中的问题 2.1.3 了解基础教育课程改革的动态和发展情况，能分析和指导教育教学 2.1.4 了解教育科学研究的基本理论和方法，能对教育教学实践的问题进行初步研究
	2.2 学生指导	2.2.1 了解学生思想品德发展的规律和个性特征，能有针对性地开展德育工作 2.2.2 了解初中生身体、情感发展的特性和差异性，掌握心理辅导的基本方法 2.2.3 了解初中生学习心理发展的特点和规律，能指导学生选择不同的学习方法进行积极有效的学习
	2.3 班级管理	2.3.1 了解班级管理的一般原理和方法，能做好班级的日常管理工作 2.3.2 了解学习环境、课外活动的组织和管理知识，能组织学生开展丰富多彩的课外活动 2.3.3 了解人际沟通的方法，能主动与同事、学生、家长、社区等进行交流
	3.1 学科知识	3.1.1 掌握拟任教学科的基础知识、基本理论，了解学科发展的历史、现状和趋势，能在教学中正确运用学科知识 3.1.2 掌握拟任教学科义务教育课程标准7~9学段的教学内容和要求，能用以指导自己教学 3.1.3 掌握学科教学论的理论知识，能指导学科教学活动
	3.2 教学设计	3.2.1 了解分析学生学习需求的基本方法，能根据学生已有的知识水平和学习经验，准确说明所选内容与学生已学知识的联系 3.2.2 了解学习内容的选择与分析学生的基本方法，能根据学生的认知特征和课程标准的要求确定教学目标、教学重点和难点 3.2.3 掌握教案设计的要求、方法和技巧，能恰当地描述教学目标，选择适当的教学方法，合理安排教学过程和教学内容，在规定的时间内完成所选教学内容的教案设计

一级指标	二级指标	三级指标
3.教学知识与能力	3.3 教学实施	3.3.1 了解教学情境创设、学习动力激发与培养的方法，能有效地将学生引入学习活动 3.3.2 掌握指导学生学习的方法和策略，能依据学科特点和学生的认知特征，恰当地运用教学方法，帮助学生有效学习 3.3.3 掌握教学组织的形式和策略，能在教学活动中调动学生的主动性，组织探究性教学与研究性学习 3.3.4 了解课堂总结的方法，能适时地对教学内容进行归纳、总结，条理清楚、重点突出，合理布置作业 3.3.5 能运用现代教育技术进行教学
	3.4 教学评价	3.4.1 了解教学评价的知识与方法，具有正确的评价观，能对学生的学习活动进行评价 3.4.2 了解教学反思的基本方法和策略，能对自己的教学过程进行反思，提出改进的思路

2. 高中教师

一级指标	二级指标	三级指标
1.职业道德与素养	1.1 职业理念	1.1.1 了解国家实施素质教育的基本要求，能正确分析和评判教育现象 1.1.2 了解高中教育阶段对学生发展的意义，能客观公正地对待学生，促进学生全面发展 1.1.3 了解教师专业发展的要求，具有终身学习与自主发展的意识
	1.2 职业规范	1.2.1 了解国家主要的教育法律法规，能分析评价教育教学实践中的法律问题 1.2.2 了解教师职业道德规范，能分析评价教育教学实践中的道德规范问题 1.2.3 了解教师职业道德行为要求，能做到爱岗敬业、爱国守法、关爱学生、教书育人、为人师表、终身学习
	1.3 基本素养	1.3.1 掌握一定的自然和人文社会科学知识，具有较好的文化修养 1.3.2 掌握一定的艺术鉴赏知识，具有一般的审美能力 1.3.3 具有阅读理解能力、语言与文字表达能力、交流沟通能力、信息获取和处理能力
2.教育知识与应用	2.1 教育基础	2.1.1 掌握教育理论的基本知识，能运用教育的基本原理和方法，分析和解决高中教育教学实践中的问题 2.1.2 掌握高中教育规律与学生特点的相关知识，能分析、处理教育教学中的问题 2.1.3 了解基础教育课程改革的动态和发展情况，能分析和指导教育教学 2.1.4 了解教育科学研究的基本理论和方法，能用以分析和研究教育教学实践问题

一级指标	二级指标	三级指标
2. 教育知识与应用	2.2 学生指导	2.2.1 了解学生思想品德发展的规律和个性特征，能有针对性地开展德育工作 2.2.2 了解高中生身体、情感发展的特性和差异性，掌握心理辅导的基本方法 2.2.3 了解高中生的学习心理发展的特点和规律，能指导学生选择不同的学习方法进行积极有效的学习
	2.3 班级管理	2.3.1 了解班级管理的一般原理和方法，能做好班级的日常管理工作 2.3.2 了解学习环境、课外活动的组织和管理知识，能组织学生开展丰富多彩的课外活动 2.3.3 了解人际沟通的方法，能主动与同事、学生、家长、社区等进行交流
3. 教学知识与能力	3.1 学科知识	3.1.1 掌握拟任教学科的基础知识、基本理论，了解学科发展的历史、现状和趋势，能在高中教学中融会贯通地运用学科知识 3.1.2 熟悉拟任教学科普通高中课程标准的教学内容和要求，能用以指导自己教学 3.1.3 掌握学科教学论的理论知识，能指导学科教学活动
	3.2 教学设计	3.2.1 了解分析学生学习需求的基本方法，能根据学生已有的知识水平和学习经验，准确说明所选内容与学生已学知识的联系 3.2.2 掌握学习内容的选择与分析学生的基本方法，能根据学生的认知特征和课程标准的要求确定教学目标、教学重点和难点 3.2.3 掌握教案设计的要求、方法和技巧，能恰当地描述教学目标，选择适当的教学方法，合理安排教学过程和教学内容，在规定的时间内完成所选教学内容的教案设计
	3.3 教学实施	3.3.1 了解教学情境创设、学习动力激发与培养的方法，能有效地将学生引入学习活动 3.3.2 掌握指导学生学习的方法和策略，能依据学科特点和学生的认知特征，恰当地运用教学方法，帮助学生有效学习 3.3.3 掌握教学组织的形式和策略，能在教学活动中调动学生的主动性，组织探究性教学与研究性学习 3.3.4 了解课堂总结的方法，能适时地对教学内容进行归纳、总结，条理清楚、重点突出，合理布置作业 3.3.5 能运用现代教育技术进行教学
	3.4 教学评价	3.4.1 了解教学评价知识与方法，具有正确的评价观，能对学生的学习活动进行评价 3.4.2 了解教学反思的基本方法和策略，能对自己的教学过程进行反思，提出改进的思路

（三）附则

1. 本标准是制订初级中学和高级中学教师资格考试大纲以及命题的依据
2. 本标准从公布之日起试行
3. 本标准由教育部负责解释

二、《综合素质》（中学）（笔试部分）

（一）考试目标

主要考查申请教师资格人员的下列知识、能力和素养：

1. 具有先进的教育理念
2. 具有良好的法律意识和职业道德
3. 具有一定的文化素养
4. 具有阅读理解、语言表达、逻辑推理、信息处理等基本能力

（二）考试内容模块与要求

1. 职业理念

（1）教育观。

理解国家实施素质教育的基本要求。

掌握在学校教育中开展素质教育的途径和方法。

依据国家实施素质教育的基本要求，分析和评判教育现象。

（2）学生观。

理解"人的全面发展"的思想。

理解"以人为本"的含义，在教育教学活动中做到以学生的全面发展为本。

运用"以人为本"的学生观，在教育教学活动中公正地对待每一个学生，不因性别、民族、地域、经济状况、家庭背景和身心缺陷等歧视学生。

设计或选择丰富多样、适当的教育教学活动方式，因材施教，以促进学生的个性发展。

（3）教师观。

了解教师专业发展的要求。

具备终身学习的意识。

在教育教学过程中运用多种方式和手段促进自身的专业发展。

理解教师职业的责任与价值，具有从事教育工作的热情与决心。

2. 教育法律法规

（1）有关教育的法律法规。

了解国家主要的教育法律法规，如《中华人民共和国教育法》《中华人民共和国义

务教育法》《中华人民共和国教师法》《中华人民共和国未成年人保护法》《中华人民共和国预防未成年人犯罪法》《学生伤害事故处理办法》等。

了解《国家中长期教育改革和发展规划纲要（2010—2020年）》的相关内容。

（2）教师权利和义务。

理解教师的权利和义务，熟悉国家有关教育法律法规所规范的教师教育行为，依法从教。

依据国家教育法律法规，分析评价教师在教育教学实践中的实际问题。

（3）学生权利保护。

了解有关学生权利保护的教育法规，保护学生的合法权利。

依据国家教育法律法规，分析评价教育教学活动中的学生权利保护等实际问题。

3．教师职业道德规范

（1）教师职业道德。

了解《中小学教师职业道德规范》（2008年修订），掌握教师职业道德规范的主要内容，尊重法律及社会接受的行为准则。

理解《中小学班主任工作条例》文件精神。

分析评价教育教学实践中教师的道德规范问题。

（2）教师职业行为。

了解教师职业行为规范的要求。

理解教师职业行为规范的主要内容，在教育活动中运用行为规范恰当地处理与学生、学生家长、同事以及教育管理者的关系。

在教育教学活动中，依据教师职业行为规范，爱国守法、爱岗敬业、关爱学生、教书育人、为人师表。

4．文化素养

了解中外历史上的重大事件。

了解中外科技发展史上的代表人物及其主要成就。

了解一定的科学常识，熟悉常见的科普读物，具有一定的科学素养。

了解重要的中国传统文化知识。

了解中外文学史上重要的作家作品。

了解一定的艺术鉴赏知识。

了解艺术鉴赏的一般规律，并能有效地运用于教育教学活动。

5．基本能力

（1）信息处理能力。

具有运用工具书检索信息、资料的能力。

具有运用网络检索、交流信息的能力。
具有对信息进行筛选、分类、管理和应用的能力。
具有运用教育测量知识进行数据分析与处理的能力。
具有根据教育教学的需要,设计、制作课件的能力。
(2) 逻辑思维能力。
了解一定的逻辑知识,熟悉分析、综合、概括的一般方法。
掌握比较、演绎、归纳的基本方法,准确判断、分析各种事物之间的关系。
准确而有条理地进行推理、论证。
(3) 阅读理解能力。
理解阅读材料中重要概念的含义。
理解阅读材料中重要句子的含意。
筛选并整合图表、文字、视频等阅读材料的主要信息及重要细节。
分析文章结构,把握文章思路。
归纳内容要点,概括中心意思。
分析概括作者在文中的观点态度。
根据上下文合理推断阅读材料中的隐含信息。
(4) 写作能力。
掌握文体知识,能根据需要按照选定的文体写作。
能够根据文章中心组织、剪裁材料。
具有布局谋篇,安排文章结构的能力。
语言表达准确、鲜明、生动,能够运用多种修辞手法增强表达效果。

(三) 试卷结构

模 块	比 例	题 型
职业理念	15%	单项选择题 材料分析题
教育法律法规	10%	
教师职业道德规范	15%	
文化素养	12%	
基本能力	48%	单项选择题 材料分析题 写作题
合 计	100%	单项选择题:约39% 非选择题:约61%

(四) 题型示例

1. 单项选择题

(1) 小明在课堂上突然大叫,有的同学也跟着起哄。下列处理方式,最恰当的一项是（　　）。

  A. 马上制止，让小明站到讲台边　　B. 不予理睬，继续课堂教学
  C. 稍作停顿，批评训斥学生　　　　D. 幽默化解，缓和课堂气氛

（2）"五岳"是我国的五大名山，下列不属于"五岳"的一项是（　　）。

  A. 泰山　　　　　　B. 华山　　　　　　C. 黄山　　　　　　D. 衡山

阅读下面文段，回答问题。

  子曰："学而不思则罔①，思而不学则殆②。"（《论语·为政》）

【注释】①罔：迷惑、糊涂。②殆：疑惑、危险。

（3）下列对孔子这段话的理解，不正确的一项是（　　）。

  A. 在孔子看来，学和思二者不能偏废，主张学与思相结合。
  B. 孔子指出了学而不思的局限，也道出了思而不学的弊端。
  C. 光学习不思考会越学越危险，光思考不学习会越来越糊涂。
  D. 孔子学与思相结合的思想，在今天仍有其值得肯定的价值。

2. 材料分析题

阅读下面材料，回答问题。

  学生王林在学校因同学给他起外号，将同学的鼻子打出了血。班主任徐老师给王林的爸爸打电话，让他下午到学校来。放学时，王林的爸爸刚来到校门口，等在那里的徐老师当着众人的面，第一句话就是："这么点儿大的孩子都管不好，还用我教你吗？"

问题：

请从教师职业道德规范的角度，对徐老师的做法进行评价。

3. 写作题

请以"我为什么要当教师"为题，写一篇论述文。要求观点明确，论述具体，条理清楚，语言流畅。不少于1000字。

三、《教育知识与能力》（中学）（笔试部分）

（一）考试目标

（1）理解并掌握教育教学和心理学的基础知识、基本理论，能运用这些知识和理论分析、解决中学教育教学和中学生身心发展的实际问题。

（2）理解中学生思想品德发展的规律，掌握德育原则和德育方法，具有针对性地开展思想品德教育活动的能力。

（3）掌握中学生学习心理发展的特点和规律，能指导学生进行有效的学习。

（4）理解中学生生理、心理的特性和差异性，掌握心理辅导的基本方法。

（5）掌握班级日常管理的一般方法，了解学习环境、课外活动的组织和管理知识，具有设计一般课外活动的能力。

（6）掌握教师心理，促进教师成长。

（二）考试内容模块与要求

1. 教育基础知识和基本原理

（1）了解国内外著名教育家的代表著作及主要教育思想。

（2）掌握教育的含义及构成要素；了解教育的起源、基本形态及其历史发展脉络；理解教育的基本功能，理解教育与社会发展的基本关系，包括教育与人口、教育与社会生产力、教育与社会政治经济制度、教育与精神文化等的相互关系；理解教育与人的发展的基本关系，包括教育与人的发展，教育与人的个性形成，以及影响人发展的主要因素——遗传、环境、教育、人的主观能动性等及它们在人的发展中的各自作用；了解青春期生理的变化，包括中学生的身体外形、体内机能、脑的发育、性的发育和成熟。

（3）理解义务教育的特点；了解发达国家学制改革发展的主要趋势；了解我国现代学制的沿革，熟悉我国当前的学制。

（4）掌握有关教育目的的理论；了解新中国成立后颁布的教育方针，熟悉国家当前的教育方针、教育目的及实现教育目的的要求；了解全面发展教育的组成部分（德育、智育、体育、美育、劳动技术教育）及其相互关系。

（5）了解教育研究的基本方法，包括观察法、调查法、历史法、实验法和行动研究法等。

2. 中学课程

（1）了解不同课程流派的基本观点，包括学科中心课程论、活动中心课程论、社会中心课程论等；理解课程开发的主要影响因素，包括儿童、社会以及学科特征等。

（2）掌握基本的课程类型及其特征，包括分科课程、综合课程、活动课程；必修课程、选修课程；国家课程、地方课程、校本课程；显性课程、隐性课程，等等。

（3）了解课程目标、课程内容、课程评价等含义和相关理论。

（4）了解我国当前基础教育课程改革的理念、改革目标及其基本的实施状况。

3. 中学教学

（1）理解教学的意义，了解有关教学过程的各种本质观。

（2）熟悉和运用教学过程的基本规律，包括教学过程中学生认识的特殊性规律（直接经验与间接经验相统一的规律）、教学过程中掌握知识与发展能力相统一的规律、教学过程中教师的主导作用与学生的主体作用相统一的规律、教学过程中传授知识与思想教育相统一的规律（教学的教育性规律），分析和解决中学教学实际中的问题。

（3）掌握教学工作的基本环节及要求；掌握和运用中学常用的教学原则、教学方法；了解教学组织形式的内容及要求。

（4）了解我国当前教学改革的主要观点与趋势。

4．中学生学习心理

（1）了解感觉的特性，理解知觉的特性。

（2）了解注意的分类，掌握注意的品质及影响因素；了解记忆的分类，掌握遗忘的规律和原因，应用记忆规律促进中学生的有效学习。

（3）了解思维的种类和创造性思维的特征，理解皮亚杰认知发展阶段论和影响问题解决的因素。

（4）了解学习动机的功能，理解动机理论，掌握激发与培养中学生学习动机的方法。

（5）了解学习迁移的分类，理解形式训练说、共同要素说、概括化理论、关系转换理论、认知结构迁移理论，掌握有效促进学习迁移的措施。

（6）了解学习策略的分类，掌握认知策略、元认知策略和资源管理策略。

（7）理解并运用行为主义、认知学说、人本主义、建构主义等学习理论促进教学。

5．中学生发展心理

（1）掌握中学生认知发展的理论、特点与规律。

（2）了解情绪的分类，理解情绪理论，能应用情绪理论分析中学生常见的情绪问题。

（3）掌握中学生的情绪特点，正确认识中学生的情绪，主要包括情绪表现的两极性、情绪的种类等。

（4）掌握中学生良好情绪的标准、培养方法，指导中学生进行有效的情绪调节。

（5）理解人格的特征，掌握人格的结构，并根据学生的个体差异塑造良好人格。

（6）了解弗洛伊德的人格发展理论及埃里克森的社会性发展阶段理论，理解影响人格发展的因素。

（7）了解中学生身心发展的特点，掌握性心理的特点，指导中学生正确处理异性交往。

6．中学生心理辅导

（1）了解心理健康的标准，熟悉中学生常见的心理健康问题，包括抑郁症、恐怖症、焦虑症、强迫症、网络成瘾等。

（2）理解心理辅导的主要方法，包括强化法、系统脱敏法、认知疗法、来访者中心疗法、理性—情绪疗法等。

7．中学德育

（1）了解品德结构，理解中学生品德发展的特点。

（2）理解皮亚杰和柯尔伯格的道德发展理论，理解影响品德发展的因素，掌握促进中学生形成良好品德的方法。

（3）熟悉德育的主要内容，包括爱国主义和国际主义教育、理想和传统教育、集体主义教育、劳动教育、纪律和法制教育、辩证唯物主义世界观和人生观教育等。

（4）熟悉和运用德育过程的基本规律（包括德育过程是具有多种开端的对学生知、情、意、行的培养提高过程；德育过程是组织学生的活动和交往，对学生多方面教育影响的过程；德育过程是促使学生思想内部矛盾运动的过程；德育过程是一个长期的、反复的、不断前进的过程），分析和解决中学德育实际中的问题。

（5）理解德育原则，掌握和运用德育方法，熟悉德育途径。

（6）了解生存教育、生活教育、生命教育、安全教育、升学就业指导等的意义及基本途径。

8．中学班级管理与教师心理

（1）熟悉班集体的发展阶段。

（2）了解课堂管理的原则，理解影响课堂管理的因素；了解课堂气氛的类型，理解影响课堂气氛的因素，掌握创设良好课堂气氛的条件。

（3）了解课堂纪律的类型，理解课堂结构，能有效管理课堂；了解课堂问题行为的性质、类型，分析课堂问题行为产生的主要原因，掌握处置与矫正课堂问题行为的方法。

（4）了解班主任工作的内容和方法，掌握培养班集体的方法。

（5）了解课外活动组织和管理的有关知识，包括课外活动的意义、主要内容、特点、组织形式以及课外活动组织管理的要求。

（6）理解协调学校与家庭联系的基本内容和方式，了解协调学校与社会教育机构联系的方式等。

（7）了解教师角色心理和教师心理特征。

（8）理解教师成长心理，掌握促进教师心理健康的理论与方法。

（三）试卷结构

模 块	比 例	题 型
教育基础知识和基本原理 中学教学 中学生学习心理 中学德育	68%	单项选择题 辨析题 材料分析题
中学课程 中学生发展心理 中学生心理辅导 中学班级管理与教师心理	32%	单项选择题 简答题 材料分析题
合　　计	100%	单项选择题：约30% 非选择题：约70%

（四）题型示例

1. 单项选择题

（1）1958年我国曾提出过"两个必须"的教育方针。"两个必须"是指（　　）。

A. 教育必须为当前建设服务，必须与生产劳动相结合

B. 教育必须为阶级斗争服务，必须与社会活动相结合

C. 教育必须为无产阶级政治服务，必须与生产劳动相结合

D. 教育必须为社会主义建设服务，必须与工农相结合

（2）人在心理活动和行为中表现出的稳定的动力特点是（　　）。

A. 人格　　　　　　　　B. 性格

C. 能力　　　　　　　　D. 气质

2. 辨析题（判断正误，并说明理由）

（1）美育就是指艺术教育。

（2）负强化等同于惩罚。

3. 简答题

（1）我国中学应贯彻哪些基本的教学原则？

（2）如何组织有效的复习？

4. 材料分析题

（1）阅读下列材料，运用教育与社会发展相互关系的有关理论进行简要评析。

我国著名平民教育家晏阳初在20世纪30年代曾提出过"教育救国"的理论。他认为中国落后的主要原因是因为当时农民存在贫、愚、弱、私四大病害，只要我们的教育工作者、仁人志士深入到广大农村推行相应的四种教育，即生计教育、文艺教育、卫生教育和公民教育，这样就可以克服上述四大病害，中国自然就富强了。但实践证明，这种设想只是善良的愿望，并未成功，正如毛泽东同志所说，"教育救国"，唤来唤去还是一句空话。

（2）阅读下列材料，回答问题。

李明学习非常用功，平时各科成绩都还不错，但每逢大考前他就非常紧张、烦躁、害怕，前一天晚上睡不好觉，第二天进入考场头脑就一片空白，结果成绩总是不理想。老师与同学都认为，李明的考试成绩与平时的努力程度不相称。

问题：

① 运用情绪相关知识分析李明同学面临的问题。

② 作为教师，你会采取什么措施来帮助他？

四、《历史学科知识与教学能力》(初级中学)(笔试部分)

(一)考试目标

(1)历史学科的知识与能力。掌握历史学科的基本理论和基础知识,了解认识历史的基本方法,并能够在初中历史教学中有效地运用这些理论、知识及方法;掌握历史学科教学的理论和方法,了解初中历史课程的性质和基本理念,能够运用初中历史课程标准指导教学。

(2)历史教学设计能力。能够准确地确定和表述教学目标,正确选定教学的重点和难点,合理选择和运用多种教学资源;对教学内容和教学过程进行合理的设计,选择恰当的教学策略、教学方法和手段,调动学生积极参与学习过程。

(3)历史教学实施能力。掌握初中历史教学实施的组织形式及基本步骤,恰当地运用教学策略和教学方法;能够准确地表述教学内容,有效地引导和组织学生的学习活动,并有针对性地对学生进行学法指导;能够运用现代教育技术进行历史教学。

(4)历史教学评价能力。了解历史教学评价的基本类型和具体方法,能够合理运用多种评价方式,通过教学评价改进教学和促进学生的发展。

(二)考试内容模块与要求

1. 学科知识与能力

(1)了解中外历史发展的基本线索和总体趋势,掌握重要的历史人物、历史事件、历史现象以及人类文明的主要成果,掌握人类社会发展的基本规律和历史发展的时代特征。

(2)以唯物史观为指导,在教学中坚持正确的思想导向,能够运用正确的观点对历史教学内容进行分析和解释。

(3)了解多样性的历史呈现方式,熟悉主要历史载体的特征;能够运用认识历史的基本方法,从多种渠道获取历史信息,并对所搜集的历史信息进行辨析和阐释,运用可靠的证据对历史进行评析。

(4)了解初中历史课程的地位、性质与作用;熟悉《义务教育历史课程标准(2011年版)》所规定的课程目标、教学内容及要求,能够运用课程标准指导教学;了解现行初中历史教材的编排体例和内容结构。

(5)掌握历史学科教学的理论知识,并能够用以指导历史教学及教研活动。

2. 教学设计

(1)能够恰当地确定并准确、具体地表述教学目标。

(2)能够根据学生已有的知识水平和学习经验,分析学生的学习需求。

（3）能够恰当地确定教学的重点和难点，并采取有效的教学策略以突出重点和解决难点。

（4）能够对历史教材的内容进行梳理和分析，合理地组织教学内容；能够设计出合理的教学过程及完整的教学环节。

（5）能够选择适当的教学方法和手段，开展教与学的活动。

（6）能够合理选用多种历史教学资源。

3．教学实施

（1）能够运用合理的组织形式开展初中历史教学，恰当地运用教学策略和教学方法，完成教学任务。

（2）能够创设合理的历史情境，促进学生对历史的感悟和体验，引导学生积极思考。

（3）能够准确、清晰地表述历史教学内容，对历史概念进行正确的阐释，合理地对历史进行评析。

（4）能够有效地组织学生的学习活动，注重培养学生的历史学习兴趣与能力，对学生进行学法指导。

（5）能够坚持正确的思想导向，以正确的历史观、人生观和价值观引导学生。

（6）能够合理整合多种教学资源，运用现代教育技术进行历史教学。

4．教学评价

（1）能够对学生历史学习的过程和结果进行评价，全面考查学生在知识、能力、方法及情感态度与价值观等方面的发展状况。

（2）理解教学评价的导向、诊断、反馈、激励等功能，了解诊断性、过程性、终结性等评价类型和定性、定量等评价方式，并在历史教学中综合运用，促进学生的发展。

（3）能够全面、客观地对教学进行反思和评价，提出改进的思路和措施。

（三）试卷结构

模　块	比　例	题　型
学科知识与能力	51%	单项选择题 简答题 材料分析题
教学设计	21%	简答题 教学设计题
教学实施	17%	简答题 材料分析题
教学评价	11%	材料分析题
合　计	100%	单项选择题：约33% 非选择题：约67%

（四）题型示例

1. 单项选择题

（1）下面的宣传画创作于 20 世纪哪个年代？（　　）。

A. 50 年代　　　　　　　B. 60 年代
C. 70 年代　　　　　　　D. 80 年代

（2）历史教学经常运用各种文字资料，下列属于第一手资料的是（　　）。

A. 历史工具书　　　　　B. 史学研究专著
C. 当事人日记　　　　　D. 大学历史教材

2. 简答题

（1）简述讲述法和讲解法的异同。
（2）如何确定一节历史新授课的教学重点？

3. 材料分析题

（1）阅读下列某版本历史教材有关洋务运动的表述并回答问题。

第二次鸦片战争以后，洋务派为适应中外交涉和开展洋务运动的需要，开始办新式学堂。1862 年成立的京师同文馆是洋务派创办的第一所新式学堂。它以培养外语翻译和外交人才为宗旨。随着洋务运动的开展，洋务派在各地相继开办了一些科技学堂和军事学堂。新式学堂培养了一批近代外交、军事和科技人才。

问题：
① 从材料推测，本课还表述了洋务派的哪些活动？
② 上述材料可分为对历史事实的叙述和解释两个部分，写出历史事实叙述的内容。
③ 编者从近代化的角度解释新式学堂的创办，你是否同意这样的解释？请说明理由。

（2）根据材料，回答问题。

某位老师在讲到《马关条约》的签订时，呈现了日本马关春帆楼的照片、谈判的情境想象图，然后提出"角色扮演，见证历史"的课堂活动主题，选择两名学生分别扮演当时谈判的日方代表伊藤博文和中方代表李鸿章，并将事先编好的台词交给学生。

两名学生坐到教室前面摆好的"谈判桌"前,开始表演。在"谈判"中,"伊藤博文"气势汹汹,态度强硬;"李鸿章"仅是屈辱地应允。

问题:
① 你对教师这样设计和组织角色扮演活动做何评论?
② 你认为开展角色扮演活动应该注意哪些问题?

4. 教学设计题

某初中历史教材对秦统一的教学内容列有三个子目:秦统一六国和中央集权统治的建立、巩固统一的措施、北筑长城和开发南疆。

问题:
(1) 设计两种不同类型的导入活动。
(2) 写出本课的板书提纲。

五、《历史学科知识与教学能力》(高级中学)(笔试部分)

(一) 考试目标

(1) 历史学科的知识与能力。掌握历史学科的基本理论和基础知识,了解认识历史的基本方法,并能够在高中历史教学中有效地运用这些理论、知识及方法;掌握历史学科教学的理论和方法,了解高中历史课程的性质和基本理念,能够运用高中历史课程标准指导教学。

(2) 历史教学设计能力。能够准确地确定和表述教学目标,正确选定教学的重点和难点,合理选择和运用多种教学资源;对教学内容和教学过程进行合理的设计,选择恰当的教学策略、教学方法和手段,调动学生积极参与学习过程。

(3) 历史教学实施能力。掌握高中历史教学实施的组织形式及基本步骤,恰当地运用教学策略和教学方法;能够准确地表述教学内容,有效地引导和组织学生的学习活动,并有针对性地对学生进行学法指导;能够运用现代教育技术进行历史教学。

(4) 历史教学评价能力。了解历史教学评价的基本类型和具体方法,能够合理运用多种评价方式,通过教学评价改进教学和促进学生的发展。

(二) 考试内容模块与要求

1. 学科知识与能力

(1) 了解中外历史发展的基本线索和总体趋势,掌握重要的历史人物、历史事件、历史现象等基本史实,掌握人类社会发展的基本规律和历史发展的时代特征,掌握人类历史上政治文明、物质文明和精神文明的主要成果。

（2）掌握历史唯物主义的基本理论，能够运用正确的观点对历史教学内容进行分析和解释。

（3）了解多样性的历史呈现方式，熟悉主要历史载体的特征；能够运用认识历史的基本方法，从多种渠道获取历史信息，并对所搜集的历史信息进行辨析和阐释，运用可靠的证据对历史进行评析；了解历史学科前沿和发展动态。

（4）了解高中历史课程的地位、性质与作用；熟悉高中历史课程必修模块和选修模块，理解课程标准所规定的课程目标、教学内容及要求，能够运用课程标准指导教学；了解现行高中历史教材的编排体例和内容结构，了解多种类型的历史教学材料。

（5）掌握历史学科教学的理论知识，并能够用以指导历史教学及教研活动。

2．教学设计

（1）能够恰当地确定并准确、具体地表述教学目标。

（2）能够根据学生已有的知识水平和学习经验，分析学生的学习需求。

（3）能够准确地确定教学的重点和难点，并采取有效的教学策略以突出重点和解决难点。

（4）能够对历史教材的内容进行梳理和分析，合理地组织教学内容；能够设计出合理的教学过程及完整的教学环节。

（5）能够选择适当的教学方法和手段，开展教与学的活动。

（6）能够合理选用多种历史教学资源。

3．教学实施

（1）能够运用合理的组织形式开展高中历史教学，恰当地运用教学策略和教学方法，完成教学任务。

（2）能够创设合理的历史情境，促进学生对历史的感悟和体验，引导学生积极思考。

（3）能够准确、清晰地表述历史教学内容，对历史概念进行正确的阐释，客观分析历史事物的性质、特点、作用及意义，合理地对历史进行评析。

（4）能够有效地组织学生的学习活动，注重培养学生学习历史的兴趣，提高学生的历史学习能力，引导学生进行探究学习，对学生进行学法指导。

（5）能够坚持正确的思想导向，培养学生树立正确的历史观、人生观和价值观。

（6）能够合理整合多种教学资源，运用现代教育技术进行历史教学。

4．教学评价

（1）能够对学生历史学习的过程和结果进行评价，全面考查学生在知识、能力、方法及情感态度与价值观等方面的发展状况。

（2）理解教学评价的导向、诊断、反馈、激励等功能，了解诊断性、生成性、终结性等评价类型和定性、定量等评价方式,并在历史教学中综合运用,促进学生的发展。

(3)能够全面、客观地对教学进行反思和评价,提出改进的思路和措施。

(三)试卷结构

模　块	比　例	题　型
学科知识与能力	51%	单项选择题 简答题 材料分析题
教学设计	21%	简答题 教学设计题
教学实施	17%	简答题 材料分析题
教学评价	11%	材料分析题
合　计	100%	单项选择题:约33% 非选择题:约67%

(四)题型示例

1. 单项选择题

(1)下列关于唐代长安城的表述,正确的是( )。
A. 大街小巷店铺林立　　　B. 夜市人流如潮
C. 街道布局很不整齐　　　D. 国际性的大都市

(2)新课程高中历史教材的编写体例是( )。
A. 通史体例　　　　　　　B. 专题史体例
C. 史话体例　　　　　　　D. 纪传体例

2. 简答题

(1)简述高中历史课程标准中对能力目标的要求。
(2)历史教学中的学法指导主要有哪些内容?

3. 材料分析题

(1)根据材料,回答问题。

19世纪中叶,日本经过明治维新,建立起中央集权的近代天皇制国家。明治政府大力推进现代化,兴办工业企业,80年代中期开始工业革命。在各种因素作用下,日本走上军国主义道路,建立了装备精良的近代军队,确立了对外侵略扩张的"大陆政策",企图吞并中国、朝鲜等周边大陆国家。1887年,参谋本部制订了《清国征讨方略》。日本一面扩军,一面派出大批间谍赴中、朝活动,在甲午战争前绘成了包括朝鲜和中国辽东半岛、山东半岛和渤海沿岸的每一座小丘、每一条道路和河流的详图。(摘编自《日本大陆政策史》)

问题:
① 材料从哪几个方面反映了甲午战争前的日本情况?
② 如果将该材料用于中日甲午战争一课的教学,可以说明哪些问题?试举一例加以解释。

(2)下面是某教师关于美国内战一课的教学过程描述表。

教学环节与内容	课堂活动	所用时间
复习旧课,导入新课	提问,陈述	2′
美国的领土扩张	动画演示	1′20″
美国的西进运动	图片展示,引导提问	3′20″
美国内战的原因	小组讨论,陈述与总结	12′30″
内战前的南北比较,北强南弱	提问与播放录像	4′15″
初期南胜北败的原因	提问,分析	1′54″
《宅地法》《解放黑人奴隶宣言》	内容展示	36″
美国内战的胜利	图片展示	2′30″
独立战争与南北内战的比较	小组讨论	5′02″
美国两次战争在背景、性质、作用和结果等方面的异同点	教师提问,总结	3′
学习本课的体会和启示	小组讨论与回答	4′10″
思考题:我国的台湾问题该如何解决?	在《回家》的音乐声中下课	40″

问题:
① 你认为本课的教学内容及环节设计存在哪些问题?
② 请写出你的改进建议。

4. 教学设计题

以下是某版本历史教材中有关西周宗法制的叙述。

为了加强分封制形成的统治秩序,解决贵族之间在权力、财产和土地继承上的矛盾,西周实行了与分封制互为表里的具有政治性的宗法制。

宗法制是用父系血缘关系的亲疏来维系政治等级、巩固国家统治的制度。它规定:周王称为天子,王位由嫡长子继承,为大宗;其他儿子分封为诸侯,他们对天子来说是小宗,但在自己的领地内却是大宗。诸侯的爵位,也只有嫡长子才能继承,其他儿子领有封地称为卿大夫。卿大夫对诸侯来说是小宗，但在自己的领地内却是大宗。卿大夫与士的关系，以此类推。大宗可以命令和约束小宗，小宗必须服从大宗。周天子是天下的大宗，也是政治上的最高领袖。

问题：
（1）设计出西周宗法制的教学图示。
（2）根据上述材料设计三个课堂提问。

六、中学教师资格考试（面试部分）

（一）测试性质

面试是中学教师资格考试的有机组成部分，属于标准参照性考试。笔试合格者，参加面试。

（二）测试目标

面试主要考察申请教师资格人员应具备的新教师基本素养、职业发展潜质教育教学实践能力，主要包括：
（1）良好的职业道德、心理素质和思维品质。
（2）仪表仪态得体，有一定的表达、交流、沟通能力。
（3）能够恰当地运用教学方法、手段，教学环节规范，较好地达成教学目标。

（三）测试内容与要求

1. 职业认知

（1）热爱教育事业，有较强的从教愿望，正确认识、理解教师的职业特征，遵守教师职业道德规范，能够正确认识、分析和评价教育教学实践中的师德问题。
（2）关爱学生、尊重学生，公正平等地对待每一位学生，关注每一位学生的成长。

2. 心理素质

（1）积极、开朗，有自信心。
具有积极向上的精神，主动热情工作。
具有坚定顽强的精神，不怕困难。
（2）有较强的情绪调节与自控能力。
能够有条不紊地工作，不急不躁。
能够冷静地处理问题，有应变能力。
能公正地看待问题，不偏激，不固执。

3. 仪表仪态

（1）仪表整洁，符合教育职业和场景要求。
（2）举止大方，符合教师礼仪要求。
（3）肢体语言得体，符合教学内容要求。

4. 言语表达

（1）语言清晰，语速适宜，表达准确。
口齿清楚，讲话流利，发音标准，声音洪亮，语速适宜。
讲话中心明确，层次分明，表达完整，有感染力。
（2）善于倾听、交流，有亲和力。
具有较强的口头表达能力，善于倾听别人的意见，并能够较准确地表达自己的观点。
在交流中尊重对方、态度和蔼。

5. 思维品质

（1）能够迅速、准确地理解和分析问题，有较强的综合分析能力。
（2）能够清晰有条理地陈述问题，有较强的逻辑性。
（3）能够比较全面地看待问题，思维灵活，有较好的应变能力。
（4）能够提出具有创新性的解决问题的思路和方法。

6. 教学设计

（1）了解课程的目标和要求，准确把握教学内容。
准确把握所教的教学内容、理解本课（本单元）在教材中的地位以及与其他单元的关系。
（2）根据教学内容和课程标准的要求确定教学目标、教学重点和难点。
（3）教学设计要体现学生的主体性，因材施教，选择合适的教学形式与方法。

7. 教学实施

（1）能够有效地组织学生的学习活动，注重激发学生的学习兴趣，有与学生交流的意识。
（2）能够科学准确地表达和呈现教学内容。
（3）能够适当地运用板书，板书工整、美观、适量。
（4）能够较好地控制教学时间和教学节奏，合理地安排教与学的时间，较好地达成教学目标。

8. 教学评价

（1）在教学实施过程中注重对学生进行评价。
（2）能客观评价自己的教学效果。

（四）测试方法

采取结构化面试和情境模拟相结合的方法，通过抽题备课、试讲、答辩等方式进行。

考生按照有关规定随机抽取备课题目，进行备课，时间20分钟，接受面试，时间20分钟。考官根据考生面试过程中的表现，进行综合性评分。

（五）评分标准

序号	测试项目	权重	分值	评分标准
一	职业认知	5	2	较强的从教愿望，对教师职业有高度的认同，对教师工作的基本内容和职责有清楚了解
			3	关爱学生，尊重学生、平等对待学生，关注每个学生的成长
二	心理素质	5	3	活泼、开朗，有自信心
			2	有较强的情绪调节能力
三	仪表仪态	5	2	衣着整洁，仪表得体，符合教师职业特点
			3	行为举止稳重端庄大方，教态自然，肢体表达得当
四	言语表达	15	8	语言清晰，表达准确，语速适宜
			7	善于倾听、交流，有亲和力
五	思维品质	15	3	思维缜密，富有条理
			4	迅速地抓住核心要素，准确地理解和分析问题
			4	看待问题全面，思维灵活
			4	具有创新性的解决问题的思路和方法
六	教学设计	10	4	了解课程的目标与要求、准确把握教学内容
			3	能根据学科的特点，确定具体的教学目标、教学重点和难点
			3	教学设计体现学生的主体性
七	教学实施	35	6	情境创设合理，关注学习动机的激发
			10	教学内容表述和呈现清楚、准确
			4	有与学生交流的意识，提出的问题富有启发性
			8	板书设计突出主题，层次分明，板书工整、美观、适量
			7	教学环节安排合理；时间节奏控制恰当；教学方法和手段运用有效
八	教学评价	10	5	能对学生进行过程性评价
			5	能客观地评价教学效果

（六）试题示例

例一：《秦始皇统一六国》试讲教学设计（新课标初中历史教材）

要求：

（1）配合教学内容适当板书。

（2）教学过程需有提问环节。

（3）教学中应有过程性评价。

（4）当提出一个问题，学生不会回答，或回答错误，你该怎么办？

例二：《历史上重大改革回眸》试讲教学设计（岳麓版高中历史教材选修"改革"和"人物"册）

要求：

（1）配合教学内容适当板书。

（2）教学过程需有提问环节。

（3）教学中应有过程性评价。

（4）当提出一个问题，学生不会回答，或回答错误，你该怎么办？

参考文献

[1] 教育部关于印发《中小学教师资格考试暂行办法》《中小学教师资格定期注册暂行办法》的通知[Z]，教师〔2013〕9号．

[2] 关于印发《高等师范学校学生的教师职业技能训练大纲》（试行）的通知[Z]．国家教委师范司1994年3月．

[3] 关于开展师范类专业认证试点工作的通知[Z]．教师司函〔2014〕98号．

[4] 义务教育历史课程标准[S]．2011年版．北京：北京师范大学出版社，2011．

[5] 中小学和幼儿园教师资格考试标准：试行[EB/OL]．中小学教师资格考试网 http：//www.ntce.cn/a/kaoshitongzhi/kaoshibiaozhun/．

[6] 综合素质：中学[EB/OL]．中小学教师资格考试网 http：//www.ntce.cn/a/kaoshitongzhi/bishibiaozhun/．

[7] 教育知识与能力：中学[EB/OL]．中小学教师资格考试网 http：//www.ntce.cn/a/kaoshitongzhi/bishibiaozhun/．

[8] 历史学科知识与教学能力：初级中学[EB/OL]．中小学教师资格考试网 http://www.ntce.cn/a/kaoshitongzhi/bishibiaozhun/．

[9] 历史学科知识与教学能力：高级中学[EB/OL]．中小学教师资格考试网 http://www.ntce.cn/a/kaoshitongzhi/bishibiaozhun/．

[10] 中小学和幼儿园教师教师资格考试面试大纲（试行）——中学[EB/OL]．http：//www.ntce.cn/a/kaoshitongzhi/mianshibiaozhun/．

[11] 燕学敏．教师专业标准解读：中学教师[M]．天津：天津教育出版社，2012．

[12] 皮连生，刘杰．现代教学设计[M]．北京：首都师范大学，2010．

[13] 何成刚，夏辉辉，张汉林，等．历史教学设计[M]．北京：华东师范大学出版社，2009．

[14] 何成刚．历史课堂教学技能训练[M]．上海：华东师范大学出版社，2008．

[15] 赵亚夫．历史课堂的有效教学[M]．北京：北京师范大学出版社，2007．

[16] 聂幼犁．历史课程与教学论[M]．杭州：浙江教育出版社，2003．

[17] 刘祥学．中学历史课程与教学论新编[M]．南京：广西师范大学出版社，2014．

[18] 朱汉国，郑林．新编历史教学论[M]．上海：华东师范大学出版社，2008．

[19] 于友西．中学历史教学法[M]．北京：高等教育出版社，2003．